ブックレット〈書物をひらく〉11

天皇陵と近代
地域の中の大友皇子伝説

宮間純一

平凡社

天皇陵と近代——地域の中の大友皇子伝説［目次］

はじめに

天皇・皇后・太皇太后《たいこうたいごう》・皇太后の墓所を陵▲（みささぎ／りょう）という。現在の天皇陵《てんのうりょう》は、江戸時代から明治期にかけて捜索・治定（決定すること）された。よく知られているように、古代から中世の天皇陵は、必ずしも確実な根拠に基づいて治定されたわけではない。現在、陵墓は宮内庁書陵部陵墓課《しょりょうぶりょうぼか》▲が管理しているが、考古学的調査が制限されていることもあり、被葬者が不明なままの墳墓も多い。

そのうちの一つに弘文《こうぶん》天皇▲（第三十九代天皇▲、大友皇子《おおとものおうじ》）陵がある。大友皇子は、天武《てんむ》天皇元年（六七二）に起きた壬申《じんしん》の乱▲にて大海人皇子《おおあまのおうじ》（天武天皇▲）に敗れ、その生涯を終えた。だが、文献資料からはその正確な死亡地・埋葬地を特定できない。そのためか、弘文天皇陵は明治政府によって長等山前陵《ながらのやまさきのみささぎ》▲（滋賀県大津市）に定められたにもかかわらず、現在でも異説が複数存在する。千葉県君津市、神奈川県伊勢原市、愛知県岡崎市、岐阜県不破郡関ケ原町などには、大友皇子の埋葬地と伝わる古墳・塚などが存在する。

そうした異説は、たまたま語り継がれてきたわけではない。地域の伝説や挿話などをもとに、住民らが弘文天皇陵であることを検証・主張したことにより現在

陵　宮内庁が管理する陵は、百八十八ヶ所存在する。この他に、皇族らの墓が五百五十二、分骨所・火葬塚・灰塚などの陵に準ずるものが四十二、髪歯《はっし》爪塔《そうとう》などが六十八、陵墓参考地（被葬者を特定できないが皇族の墳墓とされているもの）が四十六ある（宮内庁ホームページ）。

書陵部陵墓課　陵墓の管理、調査及び考証に関することを所掌する部局。

弘文天皇　大化四年（六四八）～天武天皇元年（六七二）。本書では、引用や「弘文天皇陵」と表記する場合などを除き、原則として「大友皇子」と表す。

天皇の代数　天皇の代数は便宜上、神武天皇を初代とする政府・宮内庁の見解に合わせた。

壬申の乱　天智《てんじ》天皇の皇子である大友皇子と天智天皇の弟にあたる大海人皇子の間で起きた皇位継承をめぐる内乱。

天武天皇　第四十代天皇。生年不明～朱鳥元年（六八六）。

長等山前陵　園城寺《おんじょうじ》亀丘古墳、平松亀山古墳、亀塚古墳とも称される。

まで伝わっている。時に地域の人びとは、弘文天皇陵がみずからの居住地もしくは出身地に治定されることを期待して運動を起こすことすらあった。彼・彼女らをしてそうした行動に駆り立てた背景には、近代日本の成立過程で形づくられた天皇・皇室を推戴《すいたい》する理念が横たわっている。戦前・戦中期の近代天皇制を軸とした国家体制においては、天皇陵が「わが郷土」にあることは小さくない意義をもったのである。

本書では、そのような明治維新前後から創られる政治的・社会的条件のもとで現れた弘文天皇陵治定をめぐる地域の人びとの動向を、文献資料と史跡を紹介しながら具体的に追跡する。限られた出来事・地域の歴史を叙述することになるが、本書でひもとく歴史的事象は日本において近代国家が形成される道程で顕在化した地域史の一断面であり、そこに表出する天皇・皇室に対する意識や営為には地域的特質が見いだせる一方で他地域との共通性も見られる。近代日本において地域がいかなる軌跡をたどってきたのか、という大きなテーマを視野に入れながら筆を進めていきたい。

※本書では、特に重要だと思われる資料は、当時の雰囲気や原文がもつ魅力をできるだけ損なわないように原文に忠実に現代語訳して掲載した。現代語訳中の［　］での補足は、著者によるものである。資料の原文に割書などで注記がある場合は、〈　〉内に記した。

一▶弘文天皇陵の治定

明治期に天皇となった大友皇子

大友皇子（弘文天皇）は、謎多き人物である。そもそも皇位を継承したかどうかも定かではない。天智《てんじ》天皇▲の第一皇子にあたる大友皇子は、天智天皇が死去した直後に勃発した古代史上最大の内乱、壬申の乱で大海人皇子に敗北した。その後、大友皇子は逃走の末に自殺したとされている。これを史実だとすれば、仮に大友皇子が即位していたとしても、在位期間は天智天皇が死去してから敗戦までのわずか数ヶ月間ということになる。

大友皇子には、明治期まで諡号《しごう》が贈られなかった。諡号とは、おくり名のことで天皇は死後に「諡号＋天皇」と称されるようになる。▲大友皇子に関しては、即位が自明ではなく諡号も存在しなかった。それゆえ、明治初年までの文献では「大友皇子」と記されるか、もしくは即位説を採るものでは「大友帝」・「大友天皇」などと表記され、呼称が一定しない。「弘文天皇」あるいは「弘文帝」の名称が現れるのは、明治政府発足後のことである。

天智天皇　第三十八代天皇。推古天皇三十四年（六二六）～天智天皇十年（六七二）。

天皇号　天皇号は長らく途絶えていたが、光格天皇の死亡後復活した。光格天皇は、第百十九代天皇。明和八年（一七七一）～天保十一年（一八四〇）。藤田覚『幕末の天皇』（講談社、一九九四年）。

明治三年（一八七〇）七月二十四日、太政官は廃帝《はいてい》とされていた「淡路《あわじ》廃帝」（淳仁《じゅんにん》天皇）、「九条《くじょう》廃帝」（仲恭《ちゅうきょう》天皇）とともに「大友帝」へ諡号を贈ることを布達した。発足したばかりの明治政府は、徳川将軍に代わって天皇が国家を統治する正当性を明らかにしようと歴代天皇の系統調査、皇室祭祀の整備を進めていた。その中で肝となるのが、神武《じんむ》天皇以来の「万世一系《ばんせいいっけい》」を証明するための「御系譜《ごけいふ》」作成と、祭祀を催す場として必須となる歴代天皇陵の位置をすべて確定することである。

太政官弁官《べんかん》は、明治三年五月十二日付で神祇官《じんぎかん》に対して「淡路廃帝」と「大友帝」へ贈るべき諡号を検討するように依頼した。大友皇子に関しては、明治四年に千二百年の式年祭が予定されていたにもかかわらず、諡号が未定であったため特に選定が急がれた。神祇官は、「九条廃帝」も含めた「三帝」の諡号案を早速作成し、大学の博士らに諮《はか》った。博士たちとの議論の過程では、「弘明天皇」や「明武天皇」・「崇敬天皇」なども候補に挙げられたが、最終的には「弘文天皇」に落ち着き、明治三年七月二十日付で神祇官から太政官へ決定通知が発出されている。二十三日には諡号が決定したことを受けて神事が執行され、翌二十四日に広く諡号が発表された。

古くは、『西宮記《さいきゅうき》』や『扶桑略記《ふそうりゃっき》』が大友皇子の即位説を主張し、江戸時代に

太政官　慶応四年（一八六八）閏四月二十一日設置。明治十八年（一八八五）に内閣制が発足するまでの最高官庁。

淳仁天皇　第四十七代天皇。天平五年（七三三）～天平神護元年（七六五）。

仲恭天皇　第八十五代天皇。建保六年（一二一八）～天福二年（一二三四）。

神武天皇　初代天皇。神話上の人物。

「御系譜」　「御系譜」は、最終的に「皇統譜」（大統譜・皇族譜）として完成する。現在は、正本を宮内庁、副本を法務省が保管している。

弁官　明治初期に太政官内に置かれていた部局。

神祇官　慶応四年（一八六八）閏四月二十一日設置。明治二年（一八六九）には太政官と並んで二官体制となるが、同四年の官制改革で神祇省に降格。翌年三月十四日に廃止された。皇室の祭祀、神社に関する事務

編纂が開始された日本史上の代表的な歴史書の一つである『大日本史』でも皇位を継承したとされている。だが、確実な資料が発見されていないことから、この論争には現在も決着がついていない。むしろ、歴史学的見地からは正式には即位していなかったとする意見が大勢を占めている。しかしながら、明治三年以降、政府の公式見解では大友皇子は歴代天皇の一人に数えられ、「弘文天皇」と称されてきた。大友皇子は、没後千二百年を経てはじめて天皇として公《おおやけ》に認められた人物なのである。

「長等山山前」

大友皇子は、諡号が贈られていなかったばかりではなく、墓所も特定されていなかった。明治政府は、火瓊瓊杵尊《ほのににぎのみこと》・彦火火出見尊《ひこほほでみのみこと》・鸕鷀草葺不合尊《うがやふきあえずのみこと》ら日本神話に登場する神々の陵とともに、淳仁天皇・崇峻《すしゅん》天皇・綏靖《すいぜい》天皇・桓武《かんむ》天皇といった天皇の陵の治定作業を進めてゆく。その中で、政府は歴代天皇に列せられた弘文天皇の陵を決定するための調査にも着手した。有力な手がかりは、壬申の乱勃発当時、都が置かれていた近江大津宮《おうみおおつのみや》周辺の「山前《やまさき》」という地名であった。『日本書紀』の巻第二十八、「天武天皇紀上」には、「隠山前、以自縊焉」（山前に隠れ自殺した）と大友皇子終焉《しゅうえん》の地が記されている。

などを所掌し、陵墓も管轄した。

大学（大学校）　明治二年（一八六九）に設置された官立の教育機関兼教育行政を統括する機関。

『西宮記』　平安時代の公卿源高明《たかあきら》によって編まれた朝儀・有職故実に関する書。

『扶桑略記』　平安時代後期に成立した私撰の歴史書。

『大日本史』　江戸時代前期に水戸藩によって編纂が開始された歴史書で明治期に完成した。

神代三陵　三ヶ所をあわせて神代三陵あるいは神代三山陵という。いずれも鹿児島県内。鸕鷀草葺不合尊が神武天皇の父にあたるとされる。

崇峻天皇　第三十二代天皇。生年不明～崇峻天皇五年（五九二）。

綏靖天皇　第二代天皇。神武天皇の皇子とされる。

江戸時代前期の時点で、この「山前」の位置に言及した文献が見られる。松下《まつした》見林《けんりん》▲が、元禄十一年（一六九八）に著した『前王廟陵記《ぜんおうびょうりょうき》』下の「補闕《ほけつ》」では、「皇子隠山前自殺、今按山前長等山山前」（大友皇子は山前に隠れ自殺した。考えるに山前とは長等《ながら》山《やま》の山前のことであろう）とされている（図1）。つまり、松下は『日本書紀』に登場する「山前」を、長等山なる山に存在する地名の「山前」だと推定しているのである。

江戸時代後期にも同じ意見をもっていた学者がいる。伴信友《ばんのぶとも》▲は、大友皇子の即位説などを論証しようとした『長等の山風』の下巻冒頭で、「滋賀ノ郡長等山の山前《ヤマサキ》にて、そのかミの一区《トコロ》の名なりしなるべし」（『日本書紀』に登場する「山前」は、滋賀郡の長等山の一画を指す地名である）と述べている（図2）。近江国滋賀郡長等山の「山前」にて大友皇子が自害したとする見解が、遅くとも江戸時代には存在していたことがわかる。

ここで松下や伴がいう長等山とは、園城寺《おんじょうじ》（三井寺《みいでら》）の裏手にある標高三百五十四メートルの小さな山を指す。園城寺は、現在の滋賀県大津市に位置する天台宗寺門派の古刹で、観光名所としてもよく知られる。その開基ははっきりしないが、大友皇子の子とされる与《よ》多王《たのおおきみ》▲が父の霊を弔うために同地を寄進して創建したという伝承があり、大友皇子と縁が深い寺院とされてきた。松下や伴は、具体

桓武天皇　第五十代天皇。天平九年（七三七）～延暦二十五年（八〇六）。

『日本書紀』　現存する日本最古の正史。舎人親王他撰。養老四年（七二〇）成立。

松下見林　寛永十四年（一六三七）～元禄十七年（一七〇四）。儒医・国学者。歴史書『異称日本伝』等を執筆したことで知られる。

伴信友　安永二年（一七七三）～弘化三年（一八四六）。国学者。平田篤胤らとならび「天保の四大家」の一人に数えられる。

与多王　生没年不詳。大友与多王とも。伝承上の人物ともされる。

者非今日本書紀今日本書紀者相後和銅
五年九年養老四年奏覽甲子當作丙子四
十五歳當作四十八歳
大友皇子
今按自天智天皇十年十二月三日崩日至
明年七月二十三日皇子令乎凡八箇月撿
日本紀天智天皇臥病以痛之甚矣召天武
天皇授鴻業乃辭讓之日臣之不幸元有多
病何能保社稷願陛下擧天下附皇后仍立
大友皇子宜為儲君臣今日出家為陛下欲
修功德天皇聽之云天皇崩後天武天皇發
兵伐皇子近江軍破皇子隱山前自殺
今按山前長等山山前今謂山上者詎歟千
載冢冢不聞終焉之地可歎
九條廢帝
今按九條廢帝順德院第一皇子諱懷成承
久三年夏四月廿日受禪未即位治天下四
箇月秋七月官軍敗績逃入藤原道家九條

図１　『前王廟陵記』

長等の山風下の巻
大友天皇の崩かへる地陵所まて其後の御事どもをと
古書どもに相證してはらへ推考ふるまつ崩かへ
る地を壬申の年紀ニ七月廿三日 壬子 云こ於是大友
皇子走無所入乃還隱山前云々と見えたりその崩所
の山前とは十る地ハ同紀の下ノ文ニ別將軍云々進至
于山前屯河南とも見えたる地なり其ハ滋賀郡長等
山の山前ニて其かミの一區の名なりし所なるべし
唱ハ世末謝後あるべし サキニ前字を用ひたる事古
書ニ例多し此地を宇治拾遺物語ニも山崎と書き
かくて其山前ハ天皇の皇子ニおもし まし ある時の

図２　『長等の山風』

的な墳墓や塚を大友皇子の埋葬地として特定したわけではなかったが、明治初期の諸陵寮《しょりょうりょう》▲ではこの園城寺に接する場所を大友皇子最期の地とする意見が支持されていたようである。

諸陵寮において陵墓の考証に従事していた諸陵権助西野宣明《のぶあき》▲の日記によれば、明治三年（一八七〇）時点で諸陵寮の官員たちは弘文天皇陵が同地にある墳墓だと確信していた。西野は、「寮中一同苦心、其所在必薗〔ママ〕城寺了決定也、勅裁ヲ待而今年中ニ御治定可有之」（諸陵寮の一同が苦心して弘文天皇陵の場所は園城寺に決定した。天皇の裁可を待って、今年中に治定される見込みだ）と日記の明治三年五月十日条に記している。

結果的に、明治政府はこの説を採用し、園城寺の元境内にあった亀丘《かめおか》が弘文天皇陵（長等山前陵）として治定されることになる。ただし、治定までの道のりは西野宣明たちが考えていたほど平坦ではなかった。弘文天皇陵が、亀丘に治定されたのは、西野が予想していたよりも六年も遅い明治十年のことであった。

滋賀県令籠手田安定の意見書と治定

園城寺を訪れて金堂へ向かうと、参道の左手に三メートルを超える石碑がひっそりと建っている。地元の有志によって明治三十五年（一九〇二）に建設された

諸陵寮　明治二年（一八六九）に神祇官内に設置された陵墓の管理・調査にあたる組織。上田長生『幕末維新期の陵墓と社会』（思文閣出版、二〇一二年）参照。

西野宣明　享和二年（一八〇二）～明治十六年（一八八三）。水戸藩出身の国学者。明治以後、新政府に出仕した。日記は「西野宣明雑録」（東京大学史料編纂所蔵）の他、国立国会図書館古典籍資料室、国立公文書館、明治大学図書館に写本が所蔵される（それぞれ欠本あり）。朝倉治彦「西野宣明『松寓日記』について」（『歴史手帖』四－八－三四、一九七六年）。

籠手田安定　天保十一年（一八四〇）～明治三十二年（一八九九）。平戸藩士。滋賀県の他、島根・新潟の県知事などを歴任した。

平戸藩　肥前国松浦《まつら》郡と彼杵《そのき》郡の一部、ならびに壱岐国に約五万石を領した藩。

大津県　慶応四年四月設置。明治五年（一八七二）一月、滋賀県となる。

この碑には、「籠手田安定頌徳碑《しょうとくひ》」と刻まれており、明治初期に滋賀県令を務めた籠手田《こてだ》安定《やすさだ》を顕彰するために建てられたものだとわかる。籠手田は、平戸《ひらど》藩の出身で慶応四年（一八六八）七月に大津県判事試補に就任し、翌月同判事となる。大津県大参事、同権参事を歴任し、八年に滋賀県権令、十一年に県令となった人物である。以後、明治十七年に元老院議官に異動するまでその任を務めている。県令や県知事の「功績」を称美する碑・像は、決して珍しいものではない。ましてや、籠手田のように長期間にわたり県政をリードした人物であればなおさらである。

　問題は、碑が建てられている空間、つまり園城寺という場所である。碑や像などのモニュメントは、形状や大きさ、刻まれた銘文ばかりではなく、それが存在する「場」が非常に重要な意味をもつ。人物の顕彰碑の場合、その「功績」を象徴する土地に建設されることが多い。籠手田の顕彰碑が、園城寺の境内に建てられたのにも理由がある。理由とは、弘文天皇陵治定の決定打が籠手田の上申だったことである。

　滋賀県庁に伝来した明治初期の公文書などをもとに、滋賀県における弘文天皇陵の調査や籠手田の動向を明らかにした武知正晃氏によれば、滋賀県内で弘文天皇陵の所在調査が本格的に始まったのは明治九年のことであった。調査は、教部省▲に県が協力するかたちで進められ、その結論を得たのは同年十月のことである。籠手田は、同月、調査結果を「弘文天皇御陵所在論」と題した意見書にまとめて政府へ提出している（図３－１）。その内容は、次のようなものであった。

弘文天皇御陵所在論

慶応四年に大津県に奉職して以来、弘文天皇の御陵を長らく捜索してきた。そもそも、『日本書紀』の記述には次のようにある。

弘文天皇の軍は、天武天皇と「勢多」で戦い▲、敗戦を喫した。臣下は散り散りになり、弘文天皇の供はわずか二、三名となった。弘文天皇は、大津に帰還して「山前」に隠れ、ついに自殺した。その後、天武天皇の兵は弘文天皇の首級を持って美濃《みの》国不破関《ふわのせき》〔岐阜県不破郡関ケ原町〕へ赴き、天武天皇の陣に献上した。

この記述から考えるに、当時は戦乱の最中にあり、葬祭にあたって石棺を製作して山陵を築く余裕はなく、天皇の葬送儀礼に不備があったことは言うまでもない。そうだとすると、弘文天皇の御陵は小さな墳丘に過ぎないはずである。

教部省　明治五年設置。社寺行政や国民教化などに関する事柄を掌《つかさど》る。

「勢多」の戦い　瀬《せ》田橋《たのはし》の戦いのこと。現滋賀県大津市。

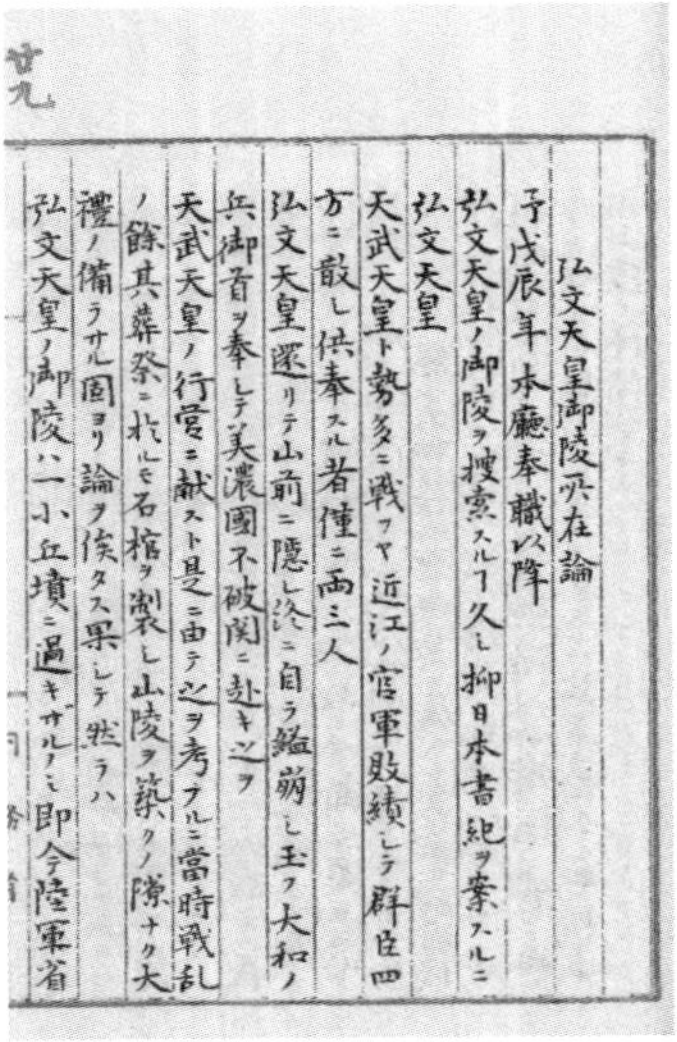
廿九
弘文天皇御陵所在論
予戊辰年本廳奉職以降
弘文天皇ノ御陵ヲ捜索スルヿ久シ抑日本書紀ヲ案スルニ
弘文天皇
天武天皇ト勢多ニ戦フヤ近江ノ官軍敗績シテ群臣四
方ニ散シ供奉スル者僅ニ両三人
弘文天皇遁リテ山前ニ隠レ終ニ自ラ縊崩シ玉フ大和ノ
兵御首ヲ奉シテ美濃國不破関ニ赴キ之ヲ
天武天皇ノ行営ニ献スト是ニ由テ之ヲ考フルニ當時戦乱
ノ餘其葬祭ニ於ルモ石棺ヲ製シ山陵ヲ築クノ隙ナク大
禮ノ備ラサル固ヨリ論ヲ俟タス果シテ然ラハ
弘文天皇ノ御陵ハ一小丘墳ニ過キサルノミ即今陸軍省

図３－１「弘文天皇御陵所在論」

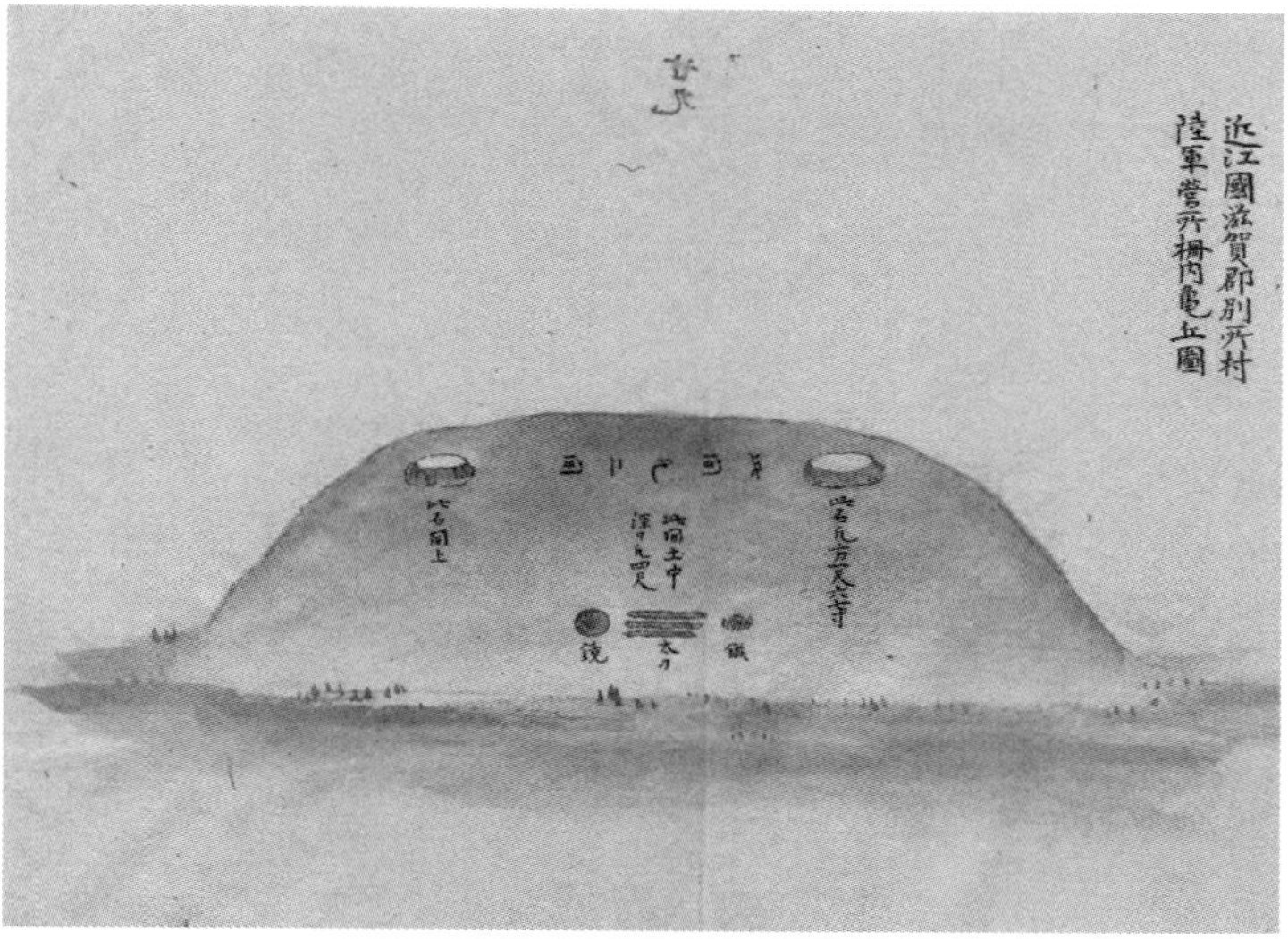

図3-2　「弘文天皇長等山前陵勘註」付属図

現在、陸軍省営所の柵内に亀丘と呼ばれる一つの小さな円丘がある。思うにここは、弘文天皇が大相国［太政大臣］の時に邸宅であった土地であり、園城寺建立時に同寺の所属としたのであろう。弘文天皇の皇子与多王の園城寺建立に関しては諸説あるといえども、実際のところ弘文天皇の追福のために建立されたことは確かである。亀丘の［ある土地の］地形は、長等山の麓にして北は山上村に接している。『日本書紀』にいうところの「山前」という地名もまた存在する〈亀丘近傍の山上村に字「山鷺」と呼ばれる田地がある〉。ゆえに、私は断然この亀丘を弘文天皇の御陵だと比定する。

園城寺の記録によれば、教待和尚が亀を捕らえてこれを食い、甲羅を埋めた塚が亀丘だとされている。この説は荒唐無稽なものだが、当時の園城寺の僧侶たちは忌諱《きき》を避けんとするがために、こじつけの挿話を創作したのかもしれない〈この亀丘の地を概して住吉の森と称し、亀丘からわずかに五、六間のところには住吉の社がある。もしかすると、園城寺の僧侶がひそかに弘文天皇の霊を祀ったものであろうか〉。
しかしながら、私の説もまた憶測による部分が多いので、論者によっては［亀丘は］石棺もなく山陵の体《てい》が備わっていないから弘文天皇の御陵ではないという者もある。これは、当時の景況を察することができていない論であり、採るに足りない説である。また、異論として膳所《ぜぜ》の茶臼山《ちやうすやま》▲［大津市］を御陵だと推定するものもある。このように諸説が入り乱れて錯綜しており、長年［陵の位置を］確定することができなかった。私は、なお前述の論を主張し、すでに先年［亀丘を含む土地に］鎮台の分営が建築されるにあたってその筋へ上申した。これによって、亀丘の五十間四方の土地を保護することになり、今日に至っている。先頃は、教部省の官員が来県した折、口を極めてしきりに説明した。

そもそも、弘文天皇の御陵を確定すべき時に至れば亀丘を試掘し、謹んでその実否を判断したいと心に決意して長い時間が経った。それゆえ、先日亀丘を調査するように［県の］属官に命じて試掘を行わせたところ、思っていたとおり亀丘から鏡・剣・鏃《やじり》が発掘された。すべて青錆を帯びており、長い時間を経たものである。私は、ここに従来考えてきた憶測が正しいとますます確信し、初めて雲霧が晴れて白日を見る思いであった。

膳所の茶臼山　大津市秋葉台に所在する膳所茶臼山古墳。四世紀末から五世紀初頭に築造された古墳と推定されている。

これより前、錦織《にしこおり》村［大津市］内の字王《［皇］》子山と呼ばれる小さな丘の上にある古墳を調査する機会を得て、人びとは大いに注目した。亀丘の調査にあたって、亀丘は遺骸を一時的に安置しておいたところであり、与多王が成長した後、王子山に御改葬したとも考えられた。だが、もしそうであれば亀丘に鏡・剣・鏃が遺っている理由を説明できない。王子山の遺跡は別の［人物の］ものと考えられる。よって、私は弘文天皇の御陵は亀丘だと判断した。以前に、［亀丘が］陸軍の所轄となる際に、私はその存在に注意することなく、いたずらに墳墓を毀《こわ》すようなことがあっては、弘文天皇の御陵は跡形もなく消え、再び世に知られる術《すべ》がなくなり、取り返しのつかないことになると考えた。神霊の助けが私に赤心を興させたのであろうか。謹んで所見を記し、有識者の教示・訂正を乞う。

明治九年十月　　滋賀県権令　籠手田安定識

（国立公文書館蔵「公文録」所収）

本文中にもあるとおり、滋賀県内でも大友皇子の埋葬地に関して複数の説が存在していた。特に、意見書にも登場する皇子山は有力な候補地であり、教部省や滋賀県による調査も実施されている。その中で、籠手田は慶応四年に大津県に着任して以来、亀丘が弘文天皇陵であることを一貫して主張していたようである。教部省は、籠手田の見解を踏まえて滋賀県と合同で実地調査を行い、亀丘を大友皇子の埋葬地と断定した。明治九年八月、教部省は当時陸軍省が所管していた同地を保護するように太政官へ上申し、太政官はこれを容《い》れて陸軍省へ保存を命じている。

　皇子山説ではなく籠手田の亀丘説が説得力をもったのは、『日本書紀』の記述などに加え、亀丘の発掘によって副葬品と思われる鏡・剣・鏃が発見されたためだとされる。これらの出土品は、たしかに古い時代のものである。とはいえ、亀丘を大友皇子の埋葬地と言い切るに十分な根拠となるものとは思えない。だが、籠手田の説は陵の治定を急いでいた政府首脳に承認されることになった。明治十年五月十五日に内務卿大久保利通▲代理の内務少輔前島密《ひそか》▲から右大臣岩倉具視《ともみ》▲に対して正式に伺《うかがい》が出され、一ヶ月後の六月十五日、亀丘は弘文天皇陵として認められた。ここに、確たる証拠が得られないまま弘文天皇陵は亀丘に治定されることになり、今日まで変更されていない。

大久保利通　文政十三年（一八三〇）～明治十一年（一八七八）。近代の政治家。薩摩藩出身。

前島密　天保六年（一八三五）～大正八年（一九一九）。旧幕臣。近代郵便制度の創始者として知られる。

岩倉具視　文政八年（一八二五）～明治十六年（一八八三）。公家出身の政治家。

名称等	所在地	備考
長等山前陵	滋賀県大津市御陵町	明治10年に治定
膳所茶臼山古墳	滋賀県大津市秋葉台	茶臼山公園内
皇子山古墳	滋賀県大津市錦織	
鳴塚古墳	三重県伊賀市鳳凰寺	
白山神社古墳	千葉県君津市俵田	白山神社
小針1号墳	愛知県岡崎市小針町	三菱公園内
大友皇子御陵	愛知県岡崎市東大友町	
自害峯の三本杉	岐阜県不破郡関ケ原町	弘文天皇御陵候補地
（伝）大友皇子陵	神奈川県伊勢原市日向	雨降山石雲寺

表1
伝弘文天皇陵一覧

二▶地域に伝わる大友皇子伝説

各地の大友皇子伝説

政府公認の弘文天皇陵は長等山前陵（亀丘）に定まったが、それによって各地に伝わる異説が消滅したわけではなかった。表1・地図1にまとめたとおり、大友皇子の埋葬地だと今なお伝わる場所は、著者が確認できただけでも長等山前陵の他に八ヶ所存在する。

それぞれの土地で語られてきた伝説には、個性が見いだせる一方で共通点も見られる。共通するのは、壬申の乱に敗れた大友皇子が数名の供を連れて逃走・隠棲し、その土地で終焉を迎えた（死因は自殺・討死・自然死の三とおり）とするエピソードである。古墳や塚などが単独で存在するのではなく、関連する史跡や寺社を周辺地域に備えていることも共通する事柄である。

例えば、愛知県岡崎市には大友皇子伝説に関する史跡が多数伝わっている。同市の小針町《こばりちょう》にある小針1号墳は、近江国から数名の臣下をともなって落ち延びてきた大友皇子が大海女皇子への怨みを抱えながら死去し、葬られた地だとされる。

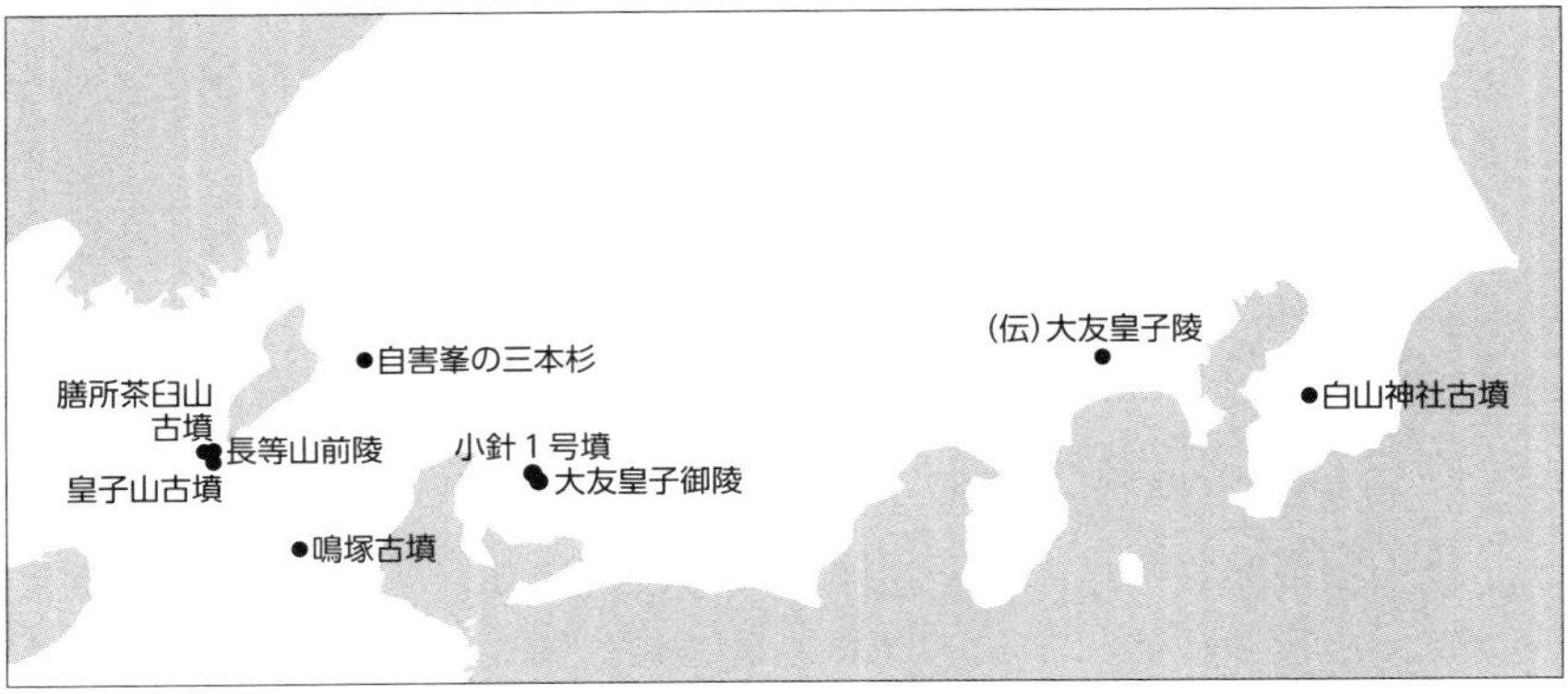

地図１　伝弘文天皇陵所在地

この墳墓に関連する神社として、同じ岡崎市内の西大友町にある大友天神《おおともてんじん》社《しゃ》が挙げられる。同社は、大友皇子を祭神としており、従者の一人であった長谷部信次なる人物が、皇子の死後、慰霊のために創建した神社だという。また、同町の真宗大谷派の寺院である玉泉寺の開基は大友皇子だと伝わっている。

一方で、隣町の東大友町の住宅地にも大友皇子の墓所だとされる場所がある。宅地整理によって原形を留めておらず、現在は石碑が建っているだけだが、ここにかつて存在した塚は大友皇子の墓地であったとされている。他にも、東大友町には大友皇子が天照大神《あまてらすおおみかみ》を祀るために建てたとされる神《しん》明社《めいしゃ》がある。神明社は、大友皇子の死後、村人によって建てられたという大友神社を明治四十一年（一九〇八）に合祀《ごうし》し、今日に至っている。

地域によって語り方は異なるが、右の例のように古墳・塚などの墓とセットで、大友皇子を祀ったあるいは大友皇子が創建に関わったとされる神社・寺院が多くの地域で確認できる。

千葉県君津市周辺の史跡

数ある大友皇子伝説の中でも、千葉県君津市およびその周辺に伝わる伝

名称	伝説の内容	所在地
白山神社	大友皇子を祭神とする。「小川御所」が置かれたとされる	君津市俵田
白山神社古墳	弘文天皇陵とされる	君津市俵田
筒森神社	大友皇子の妃十市皇女の死亡地に地元住民が創建したとされる	夷隅郡大多喜町
十二所神社	耳面刀自媛ほか12名の女官が自害し、地元住民が創建したとされる	木更津市下郡
畠塚	十二所神社の背後にあった塚。耳面刀自媛らの遺物などを埋葬したと伝わる	木更津市下郡
石神古墳	耳面刀自媛の墓地とされる	夷隅郡大多喜町
子守社	大友皇子の乳母を祀った社	君津市俵田
蘇我氏古墳	大友皇子の従者左大臣蘇我赤兄の墓地とされる	君津市山本
飯縄神社	蘇我大炊のために創建したとされる神社	君津市末吉
大嶽神社	大友皇子の従者長谷川紀伊を祀るために創建したとされる神社	君津市長谷川
七人士之墓	討死した大友皇子の従者7名の墓とされる	君津市戸崎
持明院	大友皇子の跡を追慕するために大和国から訪れた公文坊なる僧侶により創建したとされる	君津市久留里大谷
御旗神社	大友皇子が日月旗を掲げたことにちなんで地元住民が創建したとされる祠	君津市
小高神社	大友皇子を慰霊するために建てられたとされる	いすみ市小高
壬申山	壬申の乱が起きた年の干支から名付けられたとされる	君津市俵田
使者穴	壬申山にある穴で天武天皇軍の使者が隠れていたとされる	君津市俵田
御所塚	大友皇子の行宮が置かれた場所とされる	君津市久留里大谷
日出沢	大友皇子が回復栄運を天帝に祈った際日輪が出現したとされる場所	君津市久留里大谷
王御所台	大友皇子が十七日御座を経たとされる場所	君津市久留里大谷
死田	大友皇子が田植祭をみている最中に風雨雷電によって早乙女が死亡したとされる場所	君津市賀恵淵
飯御塚	大友皇子が田植祭で風雨雷電に遭ったにもかかわらず、無事だったことを受けて後日家臣が供御（食事）を埋めたとされる場所	君津市西原
笠ヶ塚	大友皇子が田植祭をみている最中に風雨雷電によって早乙女が死亡し、早乙女のかぶっていた笠が飛んだとされる場所	君津市俵田
三本松	大友皇子が植えさせたと伝わる	君津市大戸見
御腹川	大友皇子が割腹したとされる川	君津市長谷川

表2　君津市周辺の主な大友皇子伝説関連史跡

承は特に目を引く。小説の題材にされたことからも知れるように、▲この地域の伝説は一般的にも比較的よく認知されている。また、先にあげた武知正晃氏によれば、平田門下の国学者常世長胤《とこよながたね》▲がこの伝承の正当性を力説している。きわめて限られた層ではあるが、「知識人」の中には明治初年段階で、同地域の伝承に強い関心をもっていた者もいるようである。

　伝説の内容自体は、大津宮を追われた大友皇子が房総半島に行き着き、生涯を終えたとするものであり、他の事例と大きく変わらない。特筆すべきなのは、関連する史跡やエピソードが他の地域よりも圧倒的に豊富な点である。各種文献や聞き取り調査などから著者の耳目にふれた主なものを表2に掲げた。そのなかでも、とりわけ伝説とともに頻繁に語られてきた史跡の場所を示したのが地図2である。

　同地域の伝説の中心をなすのが、君津市俵田《たわらだ》にある白山《はくさん》神社社殿に隣接する白山神社古墳である。白山神社（図4）は、国道四一〇号線沿いに鎮座する神社で、菊理媛命《くくりひめのみこと》▲と大友皇子を祭神とする。江戸時代以前は田原《たはら》神、田原神社、あるいは白山大権現と称したが、明治になって白山神社と改称し、明治六年には郷社《ごうしゃ》▲に列した（菊理媛命はこの時祭神に加えられた）。大友皇子は、現在白山神社がある場所に「小川御所」を構えて生活を営んでいたが、これを大海人皇子が差し向けた追

伝説を題材にした小説　豊田有恒『大友の皇子東下り』（講談社、一九九四年）。

常世長胤　天保三年（一八三二）～明治十九年（一八八六）。宣教使などを務める。

菊理媛命　日本神話上の神。全国の白山神社に祀られる。

郷社　近代における社格制度の一つ。

討軍に発見され、急襲を受けて死亡したとされる（死因は自死と討死の二とおりある）。

　白山神社の背後に位置する古墳（図５）は、周辺地域では弘文天皇陵だと伝えられており、歴史的には「丸山」・「御陵」・「小櫃《おびつ》山陵」などと呼ばれてきた（「白山神社古墳」は戦後付与された名称▲）。戦後の調査によってこの古墳は、四世紀頃に

「白山神社古墳」　本書では、話題の内容が戦前・戦中期であっても「白山神社古墳」で表記を統一する。

地図２　君津市周辺の主な伝説所在地

図４　白山神社

図５　白山神社古墳

築造された前方後円墳（全長八九メートル、前方部幅三七メートル、高さ七・五メートル、後円部径五二メートル、高さ一一メートル）であり、実際の被葬者は在地の有力者と推定されている。考古学上は、当該期に上総《かずさ》国中西部を支配した馬来《うまく》田国《たくにの》造《みやつこ》▲の古墳だとする説が有力である。つまり、学術的な観点からは少なくとも七世紀後半に死去した大友皇子の墳墓ではないことが明らかとなっている。しかしながら、地域では戦前・戦中期を通じてこの古墳の被葬者が大友皇子であると信じられてきた。

白山神社古墳が弘文天皇陵であることを裏づけようとするかのごとく、古墳の近隣には伝説に関連する史跡が点在している。大友皇子に付き従った七名の臣を葬ったとされる墓（七人士之墓。図6）が君津市戸《と》崎《ざき》にある他、皇子とともに房総に下ったとされる蘇我大炊《そがのおおい》（赤兄《あかえ》）▲を祀った飯縄《いづな》神社（旧末吉《すえよし》神社）が同市末吉にある。前者は、大友皇子が大海人皇子軍の攻撃を受けた際に討死した七人の墓、後者は皇子の側近であった家臣の慰霊のために建てられた神社とされる。また、白山神社がある小櫃地区に隣接する木更津市下郡《しもごおり》の十二所《じゅうにしょ》神社（図7）は、大友皇子の妃の一人耳面《みみも》刀《と》自《じ》媛《ひめ》らを祀る神社である。この神社の由緒では、大友皇子の死を知った耳面刀自媛をはじめとする女官十二名が同地で自害したとされている。その後、下郡の住民がこの十二名を祀るために創建したのが十二所神社だと

馬来田国造　生没年不詳。国造は、古代の地方を統治する官職のこと。

蘇我大炊（赤兄）　生没年不詳。古代の豪族。壬申の乱に敗れて、流刑になったとされる。

いう。

　どの地域の伝説にも共通する事柄として、皇子は逃走する際に一人ではなく必ず従者や女官をともなっている。そのため、供の者に関するエピソードも天皇自身の伝承とともに語られることが少なくない。先に見た愛知県岡崎市の例でも、大友天神社の創建者という役割を与えられた従者が登場していた。君津市でもそ

図6　七人士之墓

図7　十二所神社

れは確認されるが、右に挙げた例からもわかるようにその数が他に比べて非常に多い。

史跡ばかりではなく、口頭伝承も多数発見できる。一つだけ紹介すれば、小櫃地区には「蘇我殿の田植」という風習がある。同地域では、五月七日に田植の祭礼を催すことが避けられてきた。これは、大友皇子のエピソードにちなんだ習俗だという。すなわち、大友皇子が蘇我大炊を従えて狩りに出かけた際、田植祭を見ることがあった。同日は、晴天であったにもかかわらず、突如として風雨雷電が降り注ぎ、苗を植えていた早乙女たちがことごとく死亡した。これが五月七日の出来事であり、この日に田植祭を行うことは同地域では禁忌になった、というのである。その田は「死田」と名づけられ、小櫃村賀恵淵《かえぶち》（君津市賀恵淵）にあったというが現在は確認できない。

他にも、君津市とその周辺には大友皇子とその供にまつわる史跡や口伝が、枚挙に遑《いとま》がないほど存在する。

近代になって強調される伝説

同地域における大友皇子をめぐる伝説の数々は、古代から継続して同じ熱量をもって語られてきたわけではなく、明治以後、声高《こわだか》に強調されるようになったも

早乙女　田植の祭礼に際して苗を田に植える女性。

『久留里記』　千葉県立中央図書館などに所蔵。『総州久留里軍記』とする文献もある。

中村国香　宝永七年（一七一〇）～明和六年（一七六九）。

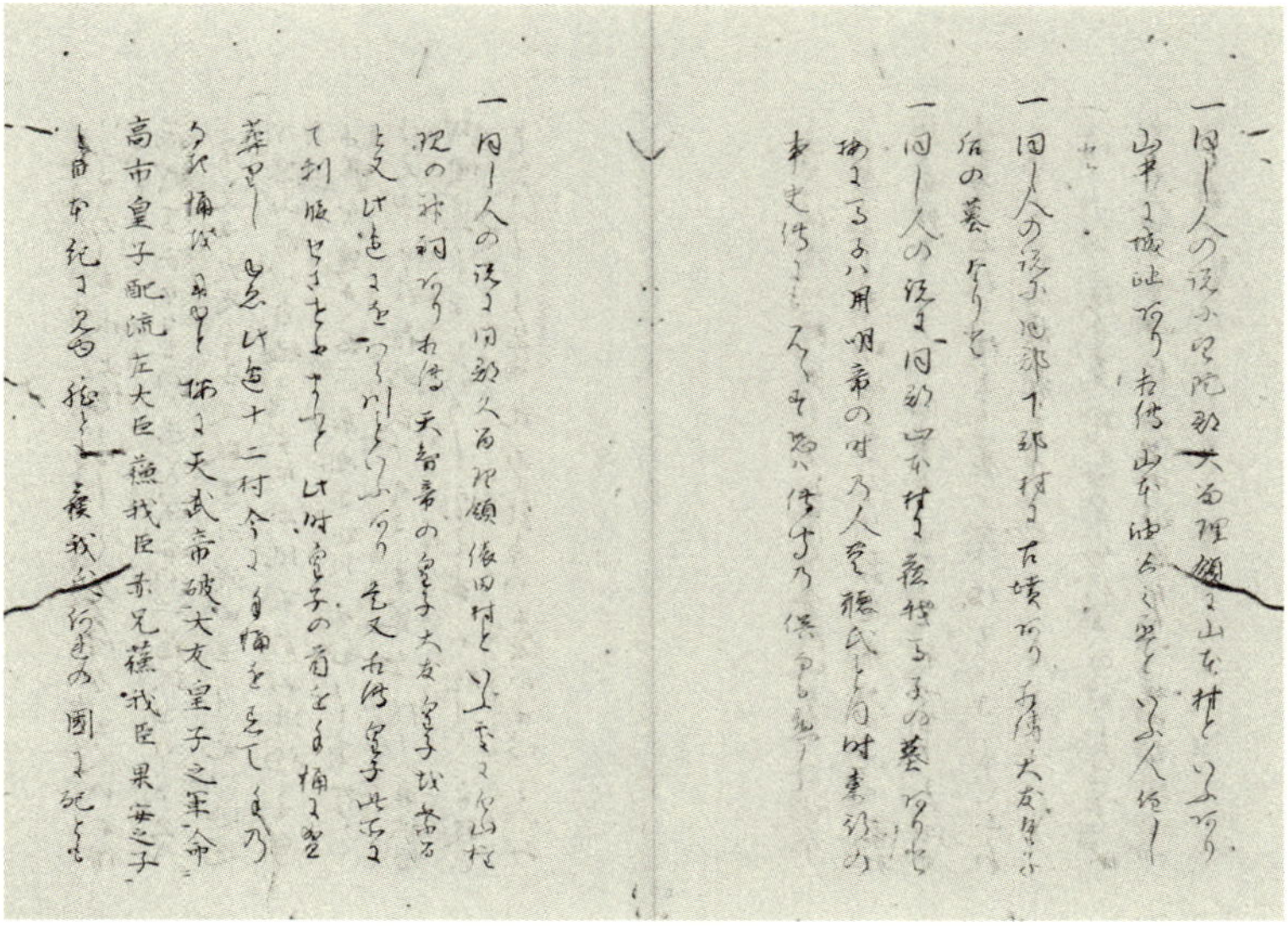

図8　『房総志料』

のである。ただし、伝説そのものは江戸時代以前から存在する。

　文献上に同地域の大友皇子伝説が現れるのは、江戸時代に作成された『久留里記《くるりき》』▲が最初である。同書は、作成者・作成年代ともに不明だが、十七世紀前半に成立したと考えられている。『久留里記』は、上総国望陀《もうだ》郡久留里（君津市久留里）周辺地域の史伝を採録した文献であり、その中に白山大権現（白山神社）の由緒が記載されている。大友皇子の首を祀るために創建されたのが白山大権現だと述べられており、江戸時代の段階でこの地域に大友皇子伝説が存在していたことが確認される。

　次に、江戸時代中期の儒者中村国香《くにか》▲が宝暦十一年（一七六二）に著した『房総志料《ぼうそうしりょう》』に大友皇子伝説に関する記述が見いだせる（図8）。この文献は、房総半島の名所・伝承を収集・採録したものである。大友皇子伝説の項目も立項されており、その記述は『久留里記』よりやや詳しくなっている。白山大権現の創建に関わる伝説を記した後に、

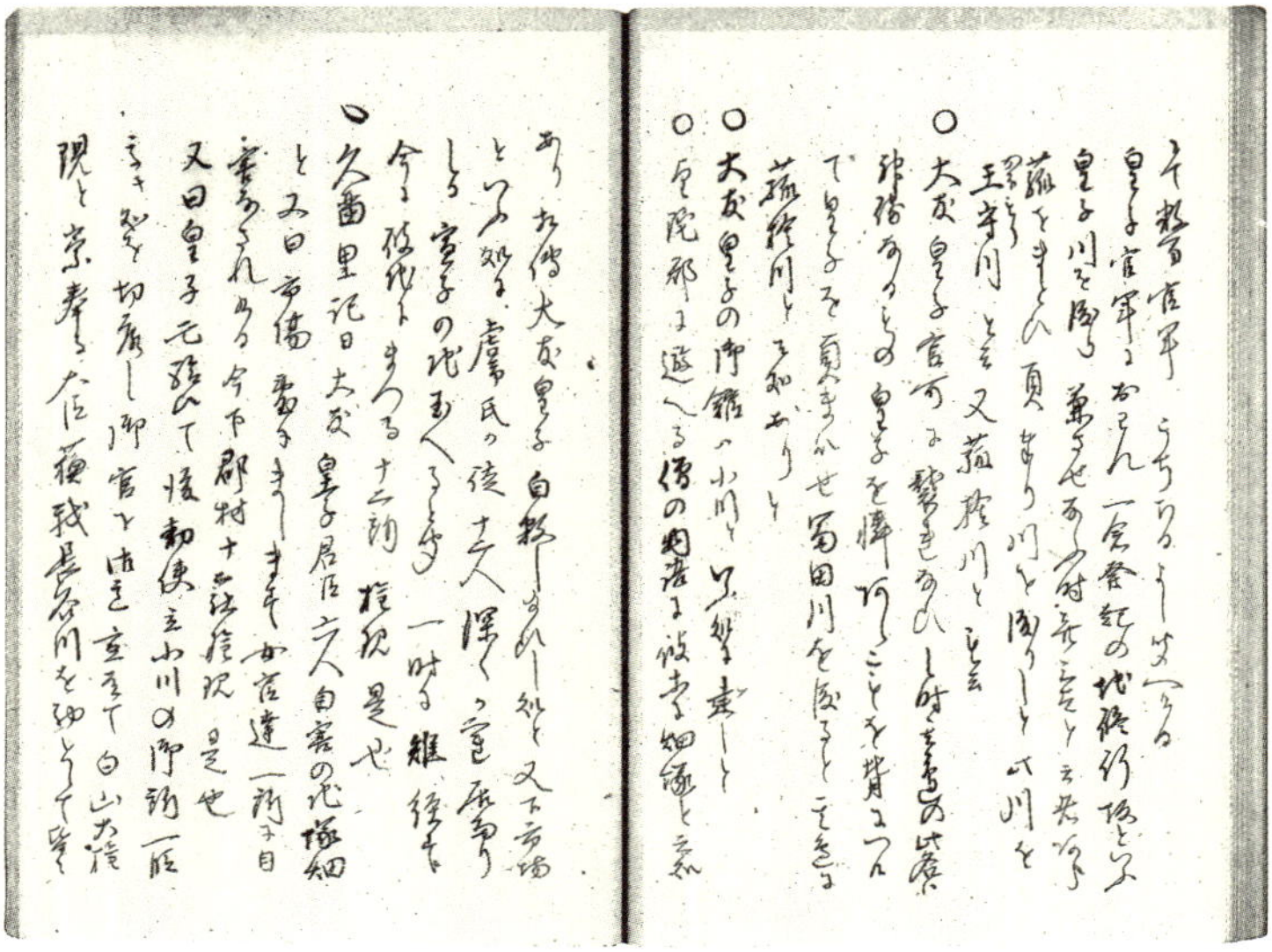

図9　『房総志料続篇』

「手桶伝説」などについての解説がある。手桶伝説は、自殺した大友皇子の首が手桶に盛られて葬られたことから、小櫃村を含む十二ヶ村では持ち手のない小桶が用いられるようになったという口伝である。また、上総国夷《い》隅《すみ》郡の医師田丸健良《たまるけんりょう》▲の手になる『房総志料続篇』（図9）には、さらに細かな伝承が叙述された。これは、天保三年（一八三二）に『房総志料』を発展させようと執筆されたもので、先に紹介したエピソードのいくつかが加えられている。

こうした伝説が生まれた起源ははっきりしないが、房総半島の各地に見られる大友皇子伝説の成り立ちを考察した井上孝夫氏は、大友皇子にゆかりある人びとが房総半島に移住して伝説を地域に根づかせた、と考察している。それが中世末期から近世にかけて、地域の社会状況を背景に脚色されたのだという。具体的には、十六世紀前半に俵田に進出した「修験道勢力《しゅげんどう》」が、新たに村を起こすにあたって村人を統合するために、象徴として白山大権現を祀り、大友皇子を祭神としたのではないか、それによってもともとこの地に存在した伝説が誇張・装飾されたのではないか、と推定している。一方で、他の文献では、伝説は江戸時代になってからの創作だとする見解も見える。井上氏の説は、状況証拠を積み上げて提出されたものであり一定の説得力をもつが、資料的根拠が乏しく、いささかも疑問なしとはできない。ただし、江戸時代以前に伝説が存在していなかったとする根拠もない。江戸時代創作説は、『久留里記』をもって伝説の成立と見なすが、それより前に伝説が形成されていたとしても何ら不思議はない。

こうした議論について今ここで結論を出す用意はないし、それは本書が目的とするところではないが、歴史研究者の立場から確実に言えることは次の二つである。一つは、十七世紀段階で伝説は存在すること、もう一つは、江戸時代を通じて伝説の存在は確認されるが、地域の人びとがそれをとりたてて（特に地域の外に対して）喧伝《けんでん》することはなかった、ということである。それが、明治以後は一変して地域の住民・出身者によって伝説が史実であると訴えられ、白山神社古墳を弘文天皇陵に治定しようと運動が展開されてゆく。

以下、地域の事情を踏まえながらその歩みを具体的に明らかにしていこう。

田丸健良　安永三年（一七七四）〜弘化三年（一八四六）。

三 伝説の再発見

大友皇子伝説をテーマとする意義

大友皇子に関する伝説は、アカデミックな立場からすればどれも「史実」（歴史上、実際にあったこと）として認められるものではない。千葉県君津市周辺の伝説もその例外ではない。もし、君津市を中心とする地域に伝わる大友皇子伝説が実際にあったことなのかどうかと著者が尋ねられれば、歴史学的な観点からは史実ではない、と即答する。著者だけではなく大多数の研究者がそのように答えるであろう。

大友皇子伝説に限らず、敗者を主人公とする伝説（平家の落人伝説▲や源義経の北行伝説▲、西郷伝説▲など）は、よほど希有《けう》なケースを除いて大抵の場合その真偽を問うことに学術的意義があるのではない。伝説を成立・持続させてきた社会・地域の実態を検証し、伝説を通してその時代像を透かして見ようと試みることにこそ意味がある。つまり、史実とは異なる伝説がたまたま伝わってきたと考えるのではなく、今日まで伝来しなければならなかった必然性を探ろうとするのが研究対

平家の落人伝説　源平合戦に敗れた平家の一門・郎党らが各地に逃れたとされる伝承。

源義経の北行伝説　衣川の戦いに敗れた源義経が、実は生存していて北方に逃れたとする伝説。

西郷伝説　西南戦争に敗れた西郷隆盛が、外国に逃れた／星になったなどとする伝説。

象として伝説を取り扱う立場となる。それはすなわち本書の立ち位置でもある。まず、この点を明確にしておきたい。

伝説の中心地について

話題の中心となる地域についてごく簡単に紹介しておきたい。伝説の核となる白山神社古墳は、君津市郊外ののどかな光景が広がる小櫃地区に存在する。小櫃地区は、君津・木更津《きさらづ》・袖ケ浦《そでがうら》の三市を蛇行して東京湾に注ぐ小櫃川の中流域に位置する、住宅と田畑が混在する緑豊かな地域である。

木更津市から国道四一〇号線で館山《たてやま》市方面へと向かい、小櫃地区・白山神社を通り過ぎてさらに直進すると久留里の旧城下町に入る。かつての城下町の景観はほぼ残っていないが、現在はこの地域の湧き水を利用した酒蔵《さかぐら》が特徴的な町並である。さらにそのまま国道を進むと左手に久留里城址への入り口が現れる。山の麓で車を降りて急坂を登っていくと、君津市立久留里城址資料館▲があり、この地域の歴史に関する展示を観ることができる。もう一息頑張って昭和五十四年（一九七九）に建設された模擬天守まで登れば、周辺一帯を一望することができる。

江戸時代中期以降、小櫃地区とその周囲は久留里藩領であった。黒田氏を藩主とする久留里藩は、寛保二年（一七四二）に上野《こうずけ》国沼田（群馬県沼田市）より黒田

君津市立久留里城址資料館　「城とふるさと君津を知る資料を展示・紹介」する施設。

直純《なおずみ》▲が入封して成立している。黒田氏は、幕末時点で上総国に約二万四百五十石、武蔵《むさし》国に一万二千三百五十石（表高は合計三万石）を有し、上総国望陀郡に居城をおいた。本書で対象となる伝説が伝わる地域の大部分は、小櫃地区に加えて久留里の城下などを含む上総国の旧久留里藩領ということになる。廃藩後、明治六年（一八七三）に木更津県と印旛《いんば》県が統合して千葉県が誕生して以来、同地域は千葉県の管轄下に入っている。

小櫃地区とは、旧久留里藩領であった町村のうち、おおよそ小櫃村▲の範囲を指す。小櫃村は、明治二十二年（一八八五）に山本・西原・賀恵淵・長谷川・台・青柳・箕輪・上新田・末吉・俵田・三田・戸崎・岩出・寺沢の十四ヶ村と田川村飛地・吉野村錯綜地が合併して成立した。同村の明治二十四年時点における戸数は九百二十五戸、人口は五千二百三十名である。

大友皇子に関する史跡や伝承の多くは、この小櫃地区に伝わっている。明治期以降、地域に埋もれていたそれらの伝説を「再発見」し、語り手となってゆくのは旧久留里藩士と小櫃地区を中心とした旧久留里藩の領民たちであった。

大友皇子伝説の再発見

近代において大友皇子伝説が、旧久留里藩士と旧領民によって事実だと主張さ

黒田直純　宝永二年（一七〇五）～安永四年（一七七五）。沼田藩二代藩主・初代久留里藩主。

小櫃村　昭和四十五年（一九七〇）に君津町の一部となる。

れることになる発端は、明治四年（一八七一）二月十四日付の太政官からの達《たっし》であった。この達は、府・藩・県に対して管内にある后妃・皇子・皇女などの陵墓の捜索・報告を指示するものであった。府・藩・県は、それと思《おぼ》しき場所が管内にある場合は図面や関係する古文書・古器・古老の談話などを収集し、その結果を神祇官へ届け出ることになった。明治政府は、天皇だけではなくすべての皇族の陵墓を特定するべく調査を進めていたが、その過程で右のような指示が一斉に出され、各地に埋没していた陵墓をめぐる逸話が掘り起こされることになる。▲

太政官の達を受けた久留里藩知事黒田直養《なおたか》▲は、当時神祇官の宣教使《せんきょうし》であった久留里藩士族高橋常延に陵墓に該当する場所の有無、および該当する場所がある場合はその根拠について検討するように命じた。高橋は、同じく久留里藩士族の森勝蔵《かつぞう》や白山神社の神主小川数馬《かずま》と協力して同神社に伝わる旧記の他、白山神社が鎮座する俵田村に住む農民や古老から聞き取りを行い、「白山神社縁起考」と題する報告書を藩知事に提出した。「白山神社縁起考」は、後日藩知事から神祇官へ上げられている。森勝蔵は、自身が所有していた『久留里記』・『小櫃川沿岸旧跡図』・『上総古図』などを、報告書の作成に当たって高橋に提供した。「白山神社縁起考」の内容は、『久留里記』などの文献の記述を基調としつつも口伝などから判明したことを新たに加味したものであった。あわせて、小川と俵田村の名

陵墓をめぐる伝説　大友皇子以外の天皇・皇族らの伝説も各地で掘り起こされた。外池昇『幕末・明治期の陵墓』（吉川弘文館、一九九七年）参照。

黒田直養　嘉永二年（一八四九）～大正八年（一九一九）。久留里藩最後の藩主。

主斉藤佐平からは、白山神社の宝物・什器の一覧が藩知事へ提出された。白山神社は、大友皇子の所持品だったと伝わる懐中鏡・薙刀《なぎなた》・太刀および大友皇子の御《み》影《え》（肖像画）を宝物としており、それらが伝説を裏づける証拠物として藩知事に提示されたのである。

「白山神社縁起考」が政府関係者の目に留まったのかどうかはわからないが、やや時間が空いて明治八年頃、教部省の官吏山内時習と千葉県属小澤直人が白山神社古墳の実地調査に訪れている。二人の来訪は、弘文天皇陵が長等山前陵に治定されるよりも前のことであり、関係者に大いに期待を抱かせた。だが、山内たちの感触は「土人伝フル所ノ大友皇子ノ年代ヨリ猶古ク見ヘル物ノ如シ」（白山神社古墳は、住民たちが伝えるところの大友皇子の年代よりもさらに古い時代の古墳のようである）というものであった。小櫃地区に伝来する伝説に疑問を呈する見解である。山内は、現地では結論を明言せず、古墳の詳細な図面を作成して東京へ持ち帰った。高橋や勝蔵は、政府からの結果通知を待っていたが、山内が東北出張中に急死したこともあって、音沙汰がないまま時間ばかりが経過していった。そうしているうちに、滋賀県権令籠手田安定の上申に基づいて明治十年六月、弘文天皇陵は長等山前陵に治定された。

宮内省　明治二年（一八六九）設置。天皇・皇室に関する事柄を掌る。

宮内省への建言

ただし、小櫃地区周辺の住人や旧久留里藩士たちがあっさりと自分たちの主張を放棄したわけではなかった。むしろ、宮内省から出された二つの達が各府県に達せられたことをきっかけとして、より本格的に弘文天皇陵の治定運動に乗り出した。二つの達とは、①明治十三年（一八八〇）十一月十五日付で出された宮内省達乙第三号、および②同十四年一月十九日付の宮内省達乙第一号である。

①は、未確定な陵墓が依然として存在するため、私有地で古墳を発見した場合には絵図面などを届け出るように命じたものである。②は、「古来諸王ニテ奉祀ノ子孫無之方々」（古来の諸王で祭祀を営む子孫がいない方々）の墳墓が現存する場合には、在地の伝説などを添えて宮内省へ報告するように通達したものであった。一連の宮内省からの指示に応じるかたちで、森勝蔵らは明治十四年（一八八一）四月二十日に宮内省へ「弘文天皇御陵之儀ニ付建言」と題した次の建言書を提出した（図10）。

　弘文天皇御陵の儀について建言

［森］勝蔵らが謹んで申す。以前、弘文天皇の御陵が近江国滋賀郡大津に定められたと聞いた。ところが、往古より伝わるところでは上総国望陀郡俵

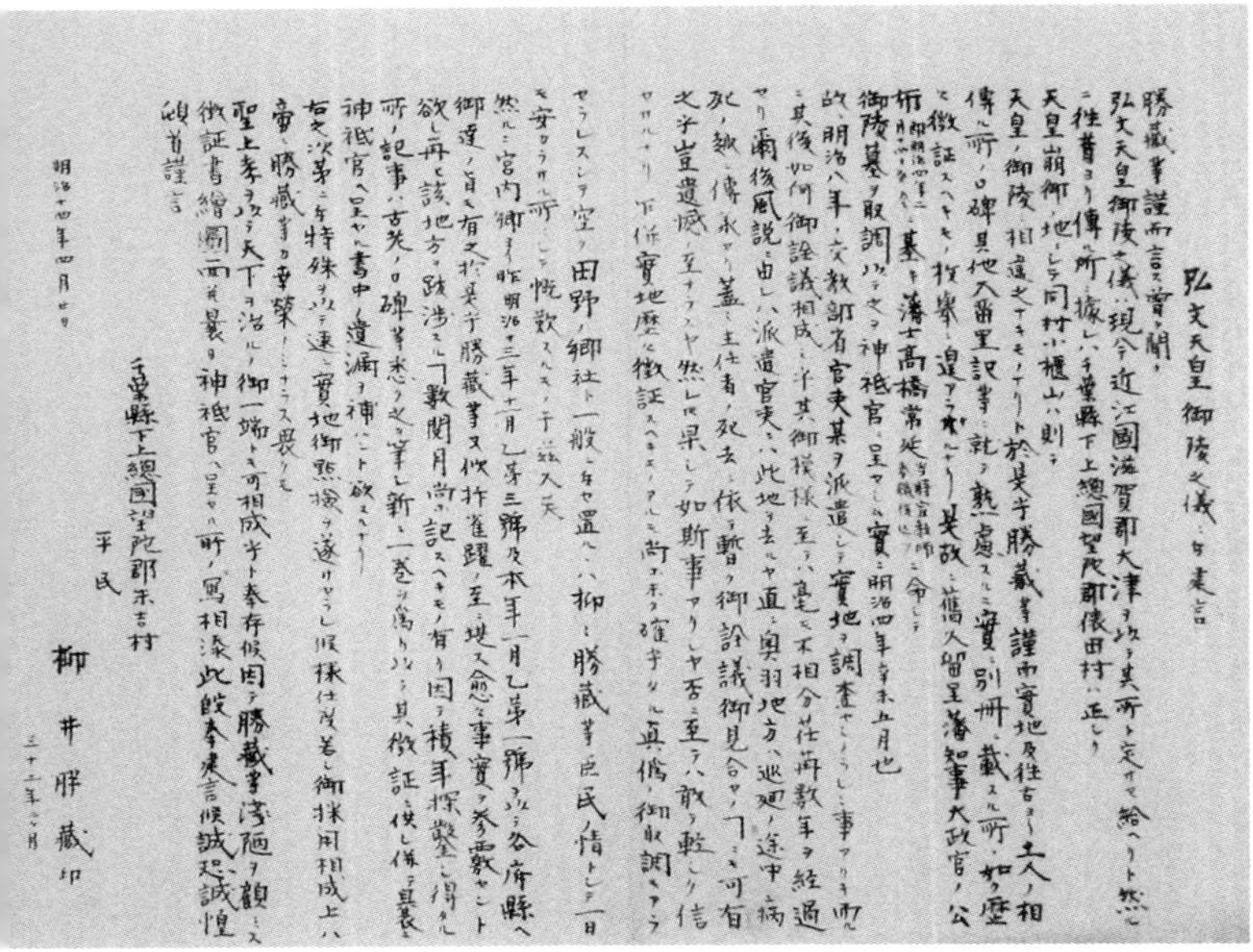

弘文天皇御陵之儀ニ付建言

勝蔵事謹而言ス嘗テ聞ク
弘文天皇御陵之儀ハ現今近江國滋賀郡大津ヲ以テ其所ト定メサセ給ヘリト然ルニ
往昔ヨリ傳フル所ニ據レハ千葉縣下上總國望陀郡俵田村ハ正シク
天皇崩御ノ地ニシテ同村小櫃山ハ則チ
天皇ノ御陵ニ相違之ナキモノナリト於是乎勝蔵事謹而實地及往古ヨリ土人ノ相
傳フル所ノ口碑其他久留里記等ニ就テ熟慮スルニ實ニ別冊ニ載スル所ノ如ク歴
々徴証スヘキモノ枚擧ニ遑アラサルナリ是故ニ舊久留里藩知事太政官ノ公
布（明治四年二月十四日）ニ基キ藩士高橋常延（当時宣教師後死亡）ニ命シテ
御陵墓ヲ取調ヘ以テ之ヲ神祇官ニ呈セシム實ニ明治四年辛未五月也
故ニ明治八年ニ至テ教部省官吏某ヲ派遣シテ實地ヲ調査セシメラレシ事アリキ而
ニ其後如何ナル御詮議相成ニヤ其御模様ニ至テハ毫モ不相分荏苒數年ヲ經過
セリ爾後風説ニ由レハ派遣官吏ハ此地ヲ去ルヤ直ニ奥羽地方ヘ巡廻ノ途中病
死ノ趣ヲ傳承セリ蓋シ主任者ノ死去ニ依テ暫ク御詮議御見合セノ事ニ可有
之乎豈遺憾ノ至ナラスヤ然レハ果シテ如斯事アリシヤ否ニ至テハ敢テ較シク信
ロヤルナリ下併實地歴々徴証スヘキモノアルニ尚オホツカナキ真偽ノ御取調ヘアラ
セラレスシテ空ク田野ノ郷社ト一般ニ存セ置ルヽハ抑モ勝蔵等庶民ノ情トシテ一日
モ安カラサル所ニシテ慨歎スルノ余リ茲ニ入矣
然ルニ宮内卿ニハ昨明治十三年十二月乙第三號及本年一月乙第一號ヲ以テ各府縣ヘ
御達ノ旨モ有之於是乎勝蔵事又欣忭雀躍ノ至ニ堪ヘス愈々事實ヲ参酌セント
欲シ再ヒ該地方ヲ跋渉スル事數閲月嘗テ記スヘキモノ有リ因テ積年探撃シ得タル
所ノ記事ハ古老ノ口碑等悉ク之ヲ筆シ新ニ一巻ヲ為リ以テ其徴証ニ供シ併テ具表シ
神祇官ヘ呈セル書中ノ遺漏ヲ補ハント欲スルナリ
右之次第ニ有之特殊ナル以テ速ニ實地御熟検ヲ遂ケサセラレ候様仕度若シ御採用相成上ハ
啻ニ勝蔵等カ幸榮トスルノミナラス畏クモ
聖上奉ヲ以テ天下ヲ治ルノ御一端トモ可相成乎ト奉存候因テ勝蔵事淺陋ヲ顧ミス
徴証書繪圖面并曩ニ神祇官ヘ呈セル所ノ寫相添此段奉建言候誠恐誠惶
頓首謹言

明治十四年四月廿日

千葉縣下上總國望陀郡末吉村
平民
柳井勝蔵 印

三十二年二月

崩御　天皇・皇后・皇太后などの死の呼称。

田村が弘文天皇の崩御《ほうぎょ》▲した地として正しく、同村にある小櫃山［白山神社古墳］は天皇の御陵に相違ないものとされている。ここにおいて、勝蔵らが謹《つつし》んで現地の様子及び往古から地元民に伝わる口頭伝承、『久留里記』などについて熟慮したところ、別冊に載せたように［天皇陵だという］証拠となるものが挙げきれないほど存在する。

それゆえ、旧久留里藩知事は太政官の命令〈明治四年二月十四日発令〉に基づいて、藩士高橋常延〈当時宣教使、その後死亡〉に命じて御陵墓に関する調査を行わせ、神祇官に結果を提出した。明治四年五月のことである。

そのため、明治八年に教部省の官吏が派遣されて実地調査を行ったことがあった。しかし、その後どのような詮議《せんぎ》がなされたのか、その模様に至っては少しもわからず、なすことがないまま数年を経た。その後の風説によれば、派遣された官吏がこの地［俵田村］での調査を終えるとすぐに奥州へ出張し、その途中で病死したと聞いている。考えるに、担当者の死によって

図10　「弘文天皇御陵之儀ニ付建言」

しばらく御詮議を見合わせられていたということであろうか。非常に遺憾に思う。本当にそのような事があったのかどうかは、必ずしも軽々しく信じられるものではない。

しかしながら、現地の古墳に加え、証拠となるものが多数あるにもかかわらず、なおしっかりとした「弘文天皇陵であるかどうかの」真偽の取調がなく、空しくも「白山神社が」田野にある一般の郷社と位置づけられているのは、そもそも勝蔵ら臣民の感情として一日も安堵できるものではなく慨歎すべきことである。

そうしたところ、宮内卿より昨明治十三年十一月乙第三号及び本年一月乙第一号をもって各府県へ出された御達の趣旨に接し、勝蔵らはまた大いに歓喜した。いよいよ「弘文天皇陵が長等山前陵に治定されたという」事実を覆《くつがえ》そうと欲し、再び当該地方を歩き回ること数ヶ月、さらに「報告書に」記すべきことが見つかった。よって、積年探索して得た古老の口頭伝承などの記事はすべてこれを書き記し、新たに一巻にまとめた。「白山神社古墳が、弘文天皇陵であることの」証拠としてこれを供し、あわせて

聖上　天皇のこと。

以前神祇官へ提出した書類の遺漏を補いたい。

右について、特例をもって速やかに実地調査を行ってもらいたい。もし、御採用となった場合、ただ勝蔵らのみの光栄ではなく、恐れ多くも聖上が孝をもって天下を治めることの一端ともなるのではないかと考える。よって、勝蔵らは浅くて狭い見識を顧みず、証拠となる記録・図面並びに先日神祇官へ提出した書類の写し［「白山神社縁起考」］を添えて建言する。誠に恐れ多くも謹んで申し上げる。

明治十四年四月二十日

千葉県下上総国望陀郡末吉村
平民
柳井胖蔵　印
三十二歳二ヶ月

千葉県下上総国望陀郡久留里
士族
柳田左膳　印
二十八歳三ヶ月

椎津一貫　印

芝山正貫　印
四十四歳二ヶ月

河村基常　印
三十七歳十一ヶ月

田原勝決　印
四十八歳三ヶ月

月崎寿三　印
三十歳五ヶ月

鶴見東馬　印
四十歳三ヶ月

今井兼喜　印
二十八歳五ヶ月

森　勝蔵　印
三十歳九ヶ月
三十二歳八ヶ月

宮内省御中

（君津市立久留里城址資料館保管「田原家文書」）

森勝蔵ら旧久留里藩士および旧領民は、弘文天皇陵が長等山前陵に治定されたことに対してあくまでも白山神社古墳の正当性を主張し、再度の現地調査を促すべく右の建言書を宮内省へ提出した。本文中にあるように、勝蔵たちは明治十三年・十四年の二通の宮内省達を契機として再度調査を実施し、建言書にその成果となる資料を添付している。

この建言書からは、勝蔵たちの並々ならぬ決意と意欲がうかがえる。外池昇氏らが指摘するように幕末から明治にかけての陵墓治定は、多くの場合記紀や口碑に依拠してなされたものであり、確かな裏づけがあるものはきわめて少ない。しかしながら、一度治定されればそれは天皇・政府の威信に関わる決定となり、よほど明確な証拠を具備した異説が登場しない限りまず覆ることはない▲。勝蔵たちもそのことは承知のうえで、なお白山神社古墳が弘文天皇陵だと疑わず運動に没頭してゆく。

建言書の表現で注目されるのは、勝蔵たち旧久留里藩士らが決して自分たちの「光栄」のためではなく、今の天皇（睦仁《むつひと》、明治天皇）が正しく先祖の墓を定めて祀ることで「孝ヲ以テ天下ヲ治ル」ために、勝蔵らが発意したとされている点である。つまり、勝蔵たちの弘文天皇陵治定運動は、地域や個人の私利私欲から生

陵墓治定の見直し　治定が見直された例もわずかに存在する。天武・持《じ》統《とう》天皇陵が、兄瀬丸山古墳（奈良県橿原市）から野口王墓（奈良県高市郡明日香村）に変更された例など。

じたものではなく、天皇や皇室への貢献を企図して起きたものである、との理屈である。建言書に付き物の建前とはいえ、以後もこの理論は、治定運動のなかで貫かれる理念となるので頭に入れておきたい。

建言書は、宮内省によって却下されることになるが、治定運動はそれで挫折することはなく、明治三十年代まで続いてゆく。

四▼森勝蔵の略歴と業績

森勝蔵の略歴

前章までに判明した事柄から、旧久留里藩領地域における弘文天皇陵治定運動を牽引したリーダーの一人が森勝蔵であることは明らかであろう。勝蔵は、常に治定運動の核となった人物であり、以後の本書の記述も彼を中心に展開してゆくことになるため、その略歴と業績を確認しておきたい。

勝蔵は、久留里藩士森格左衛門《かくざえもん》の長男として嘉永元年（一八四八）九月二十日に誕生した。森家は、代々藩の重職に就いた家柄で格左衛門も家老を務めている。勝蔵は、慶応二年（一八六六）十一月十五日、十八歳の時に高《たか》十人扶持《ぶち》取次普請奉行となり、黒田家中に出仕した。徳川幕府の倒壊を目前に控えた幕末に、藩士としてのキャリアをスタートさせたのである。以後、勝蔵は幕末の動乱の中で江戸市中の警衛や藩地における砲術訓練などに携わる。明治二年（一八六九）六月の版籍奉還後には、父格左衛門が大参事という藩の要職に就く一方で、勝蔵は藩校三近堂の句読師《くとうし》に任じられた。勝蔵は、廃藩を経て三近堂が廃止される明治五年二月三日まで句読師を務めている（一時病気により離職）。その後の足どりは不明な点も多いが、明治二十年に内務省地理局から資料蒐《しゅう》輯《しゅう》掛《がかり》に任命され、久留里を離れて東京に転居した。明治二十五年三月には、山縣有朋《やまがたありとも》が経営する栃木県那須野ヶ原の伊佐野《いさの》農場（山縣農場）に事務員（管理人）として赴任しているが、同年十二月に三巻からなる絵巻物「伊佐野農場図稿」を残して帰京している。

森勝蔵と藩史編纂

森勝蔵が東京へ戻ったのち、明治二十七年（一八九四）に旧久留里藩主黒田子爵家の家令であった西野重光《しげみつ》から藩史編纂の依頼があった。明治十年代後半から、旧藩時代を知る人物の減少や中央における旧藩の事蹟調査との連動などを背景として各地で旧藩の記録を収集し、その歴史を叙述・顕彰しようとする動きが活発になる。旧久留里藩においてもきっかけははっきりしないが、明治二十年代後半になって本格的に藩史編纂事業に着手することになった。

とはいえ、黒田家から打診があるより前から勝蔵は、独自に旧久留里藩の記録収集を進めており、体系的な藩史を作成しようとしていた。黒田家の依頼は勝蔵の背中を押し、その後半生はより多くの時間を藩史編纂事業に費やすことになる。一方で、勝蔵は白山神社古墳を弘文天皇陵に治定する夢も棄てたわけではなく、

内務省　明治六年（一八七三）設置。地方行政・警察行政などを掌る。

山縣有朋　天保九年（一八三八）～大正十一年（一九二二）。長州藩出身の軍人・政治家。

「伊佐野農場図稿」　石川健校訂、石川明範・山県睦子解説『伊佐野農場図稿』（草思社、二〇〇〇年）参照。

家令　華族家において家政を取り仕切る役職。

元号	年	西暦	月	日	出来事
慶応	4	1868	7		「雨城の夢」を起稿
明治	3	1870			この頃、「久留里藩三近学校釈奠之図」を描く
	5	1872	7		「久留里城主黒田筑後守直養公御出馬行列之図」を描く
	16	1883	6		「旧久留里藩学制沿革概録」を記す
	19	1886	9		この頃、「多治比方令類纂」の原稿と収集史料焼失
	27	1894	6		黒田家家令西野重光より藩史編纂を依頼される
	28	1895	7		「雨城廼一滴」を完成させる
	34	1901	3	20	『雨城会会報』三に「黒田奥向御定書」など寄稿 以後、同会報に藩の記録を寄稿
	35	1902	1		「久留里沿革概誌」を記す
	42	1909	6		「黒田家臣伝稿本」を記す
	43	1910	5		「来里奇談」を記す
	44	1911	4		「剣之峰丹生神社沿革記」を記す
大正	2	1913	4	4	火災で史料焼失
			7		「久留里城風景之図」を能仁寺に寄贈
	3	1914	3		「丹公美談」を記す
			11		「久留里藩制一班」を記す

表3　森勝蔵の藩史編纂に関する経歴

継続して運動に取り組んでいる。すなわち、明治以後の彼の人生を特徴づけるのは、藩史編纂事業と弘文天皇陵治定運動の二つの営みであった。両者は勝蔵の人生において車の両輪をなしており、弘文天皇陵治定運動を理解するうえで、藩史編纂事業への取り組みも把握しておくことが必要となる。

勝蔵の藩史編纂に関する活動をまとめたのが表3である。確認できる範囲で勝蔵が最も早く作成した編纂物は、慶応四年七月に起稿した「雨城《うじょう》の夢」である。これは、ほぼ同時代に執筆された文献であり、それほど分厚いものではないが、幕末維新期の久留里藩の動向を端的に教えてくれる好資料である。ちなみに、「雨城」とは久留里城の別名で築城の際に雨が降り続いたという伝承から付された名称である。「雨城」の称は、とりわけ廃藩後、旧藩士たちの間で好んで使用された。

勝蔵が最も力を注いだ歴史書は、明治十年代から編纂作業に取りかかっていた「多治比《たじひ》方令類纂《ほうれいるいさん》」である。「多治比方令類纂」は、「御家重大ノ制令ハ勿論儒臣ノ建白ヨリ武術家ノ逸事ニ至ル迄」（黒田家中の重要な制度・法令はもちろん、儒臣からの建白書から武術家の逸事に至るまで）を採録した文献で久留里藩記録の集大成と位置づけられるものであった。だが、ほぼ完成していた明治十九年に勝蔵の自宅が失火による火災に遭ったことによって、旧藩士の家などから集めた史料と原稿が灰燼《かいじん》に帰してしまった。言うまでもなく藩史の研究上大きな損失である。

　勝蔵は深い失望の中にあったが、その後、黒田家から声がかかったことで「再来憤発」（再び発憤）し、再度藩史編纂のための材料収集およびそれを利用した歴史書の執筆に臨むことになった。勝蔵は、依頼があってからわずか一年程度で「雨城廼《うじょうの》一滴《いってき》」▲（全三十二冊、明治二十八年七月完成、欠本あり）を書き上げている。「雨城廼一滴」は、黒田家に伝わった「黒田家文書」▲に含まれているが、現在でもこれより詳しい久留里藩の歴史書は存在しない。以後も、勝蔵は藩史編纂を続けて「黒田家臣伝稿本」▲などを執筆するとともに、大正三年（一九一四）には、久留里藩の藩制についてまとめた労作「久留里藩制一班」▲（全八冊）を上梓した。その二年後の大正五年に勝蔵は六十八歳で没している。

　勝蔵をして明治以後の多くの時間を藩史編纂に捧げさせたのは、旧藩の記録と

「雨城廼一滴」　上総古文書の会編『雨城廼一滴——上総久留里藩主黒田氏の記録』（上総古文書の会、二〇〇九年）。

「黒田家文書」　君津市立久留里城址資料館保管。

「黒田家臣伝稿本」　上総古文書の会編『黒田家臣伝稿本——上総久留里藩士黒田氏の記録』（上総古文書の会、二〇一〇年）。

「久留里藩制一班」　千葉県企画部文化国際課編『千葉県史料　近世篇十　久留里藩制一班』（千葉県、一九九〇年）。

記憶の消失に対する強い焦燥感であった。「雨城廼一滴」の序文では、「戊辰以后大改革、殊ニ廃城ニ属スルヲ以テ幾万巻ノ書類乍チ四方ニ散乱シ、又御家中諸役家ニ伝ル勤務日録等ノ類モ亦紛擾シテ今存スル者殆ント稀ナリ」（慶応四年・明治元年の大改革以後、殊に［久留里城は］廃城となったのでたくさんの書類が散逸した。また、黒田家中の諸役家に伝わる勤務日誌などの記録も現存するものは稀である）と廃藩前後に旧藩の記録が失われたことを歎いている。

また、明治四十二年に完成した「黒田家臣伝稿本」では、「廃藩久シキノ今日ニ至リテハ、旧藩記録ハ勿論、家臣手簿等モ其大概ヲ失ヘリ、老台ハ殆ント不帰ノ客トナリ、文武教談モ自ラ消滅スルニ至レルハ、実ニ遺憾ニ堪ヘザルナリ」（廃藩から長い時が経った今日に至っては、旧藩の記録はもちろん家臣の手記もその大多数が失われた。年長者はほとんど帰らぬ人となり、［旧藩の］文武教談も自然と消滅しているのは実に残念でならない）と述べられている。

さらに勝蔵は、「久留里藩制一班」の序文にも「王政維新封土奉還ニ際シ、記録頗ル紛乱所在不明ナリシ」（王政維新における封土の［諸侯から天皇への］奉還に際して非常に多くの記録が所在不明となった）と記している。また、「久留里藩制一班」には、編纂の目的について「旧臣諸氏藩制ノ梗概ヲシラント欲スル者ノ便ニ供スト」（黒田家の旧臣たちの中で、藩の制度のあらましを知りたいと欲する者の便に供す）と掲げられており、読者の対象には明確に旧藩士たちが想定されている。

勝蔵が藩史の編纂にここまで傾倒した理由は、廃藩以後失われてゆこうとする旧藩の記録と記憶の共有、さらにはそれを基盤とした旧藩の結びつきを近代社会においても維持しようとしたことに求められる。旧藩の歴史を記録や編纂物を通じて当事者・子孫へと継承することで、政治・行政機構としては消滅した旧藩の関係者が織りなす社会的関係を持続させようとしたのである。

こうした指向は、勝蔵を含む旧藩関係者が運動母体となった弘文天皇陵治定運動と深い関係にあると考えられる。後で見るように、勝蔵がリードした治定運動は旧藩の人的なつながりがあってこそ成立するものであった。反対の見方をすれば、地域において治定運動が続けられたことによって旧藩の結びつきも維持された。運動の立役者であった勝蔵は、そうした旧藩の社会的な結合の中でその中核に位置しつづけることになる。勝蔵は、明治三十二年に結成された旧藩士たちの親睦団体である「雨城会」にて重要な位置を占め、晩年には黒田伯爵家の家扶▲を務めるなど、旧藩主家の家政運営にとっても欠くことができない存在となってゆく。

藩史の編纂に向かう勝蔵の姿勢も指摘しておきたい。明治十年代から大名華族▲家で開始された藩史編纂事業は、旧藩の明治国家成立への功績を主張し、「王政

家扶　華族家において家令のもとで家政を担う役職。

大名華族　大名出身の華族。

復古史観」（王政復古・明治新政府の誕生を正当化しようとする歴史意識）に接近しようとする方向性を有していたことが、各家の事例研究から報告されている。その叙述の中では、歴史的事象がねじ曲げられて解釈されることがあり、天皇・朝廷に尽くしたとされる「勤王」の事蹟が誇張・装飾されることもたびたびあった。勝蔵の描く久留里藩史にも潜在的にそのような意識が存在した可能性は否定できないが、彼の著作物に「王政復古史観」に自藩の歴史をすり寄せようとする露骨な意図は読み取りがたい。むしろ、可能な限り資料を集めて、旧藩の歴史を実証的に明らかにしようとする今日の歴史研究者にも通じる矜持《きょうじ》が感じられる。これは、大友皇子伝説の調査にも通底する勝蔵の「郷土史家」としての態度である。

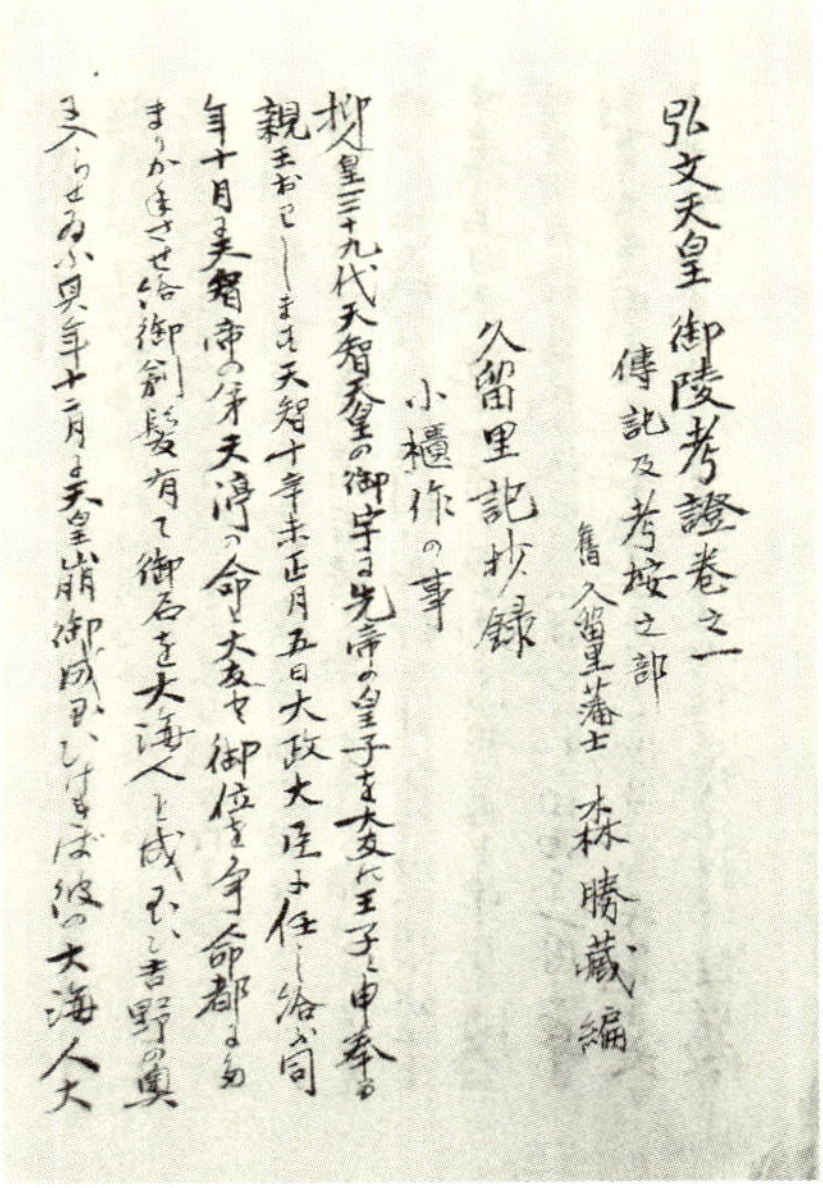

図11　「弘文天皇御陵考証」

「弘文天皇御陵考証」に見る調査に対する姿勢

そのことは、いくつかの場所に分散して伝来した勝蔵による大友皇子伝説の考証記録から判明する。勝蔵は、大友皇子伝説に係《かか》る調査の成果物として「弘文天皇御陵考証」という本を作成した（図11）。同書は全五冊から成るもので、『久留里記』をはじめとする各種文献に記載された伝説に関する記述を抄録し、小櫃地区周辺で集めた聞き取りの内容も要約して掲載している。また、ただ記録を収録するだけではなく、集まった材料から勝蔵みずからの考察を展開する。この編纂物は、旧久留里藩領地域に現在まで伝わる大友皇子伝説を網羅しており、各項目別にみても前後に作成された他の文献と比較して群を抜いて詳しい内容をもつ。

著者が確認できた範囲では、「弘文天皇御陵考証」は三組現存する。そのうち、正本は宮内庁書陵部宮内公文書館▲が所蔵している。これは、年記がないので年代は定かではないが、勝蔵らが白山神社古墳を弘文天皇陵に認定させようとする過程で宮内省に提出されたものである。同じ書陵部の図書寮《としょりょう》文庫▲には、「上総国望陀郡俵田村白山神社御陵墓之絵図」という白山神社古墳の彩色絵図も所蔵されている。この絵図は作成者が明記されていないが、絵図に書き込まれた特徴あるくせ字から推し量るに、勝蔵が作成したものと判断できる。やはり、治定運動を展開する中で宮内省へ提出されたものと推定されるが、どちらも広く一般に頒布したものではなく、宮内省へ白山神社古墳の正当性を訴えるという特定の目的のもとに作成された文献だといえる。

次の一組は、旧久留里藩士田原家に伝来した文書群▲に含まれる。田原家に伝わったのは五冊のうち第一冊目だけで残りの四冊を欠いているが、「田原家文書」

宮内庁書陵部宮内公文書館　宮内省・宮内府・宮内庁が作成・収受した公文書を整理・修補・公開・研究する組織。

宮内庁書陵部図書寮文庫　皇室伝来の古文書・古典籍などを整理・修補・公開・研究する組織。

田原家に伝来した文書群　個人蔵、君津市立久留里城址資料館保管「田原家文書」。ほかに、「弘文天皇御陵志料」（西尾市岩瀬文庫蔵、一四三―一七）と題された治定運動の関連資料がある。

一次資料　歴史学上の一次資（史）料は、同時代に当事者によって作成・収受されたものを基本とし、編纂物など後世に成立したものを二次資料として区分している。

には「弘文天皇御陵考証」以外にも治定運動の関係書類が多数含まれている。明治十四年四月に宮内省へ提出した建言書に名を連ねていた田原勝決は勝蔵と同年代の旧久留里藩士であり、ともに治定運動を展開したことで同家に関係文書が蓄積された。「田原家文書」は、現在発見されている範囲では、治定運動に関する一次資料▲が最も伝来している文書群である。

残りの一組は、著者が所蔵している。これは、著者の前の所蔵者が古書店で購入したものであり、残念ながら出所ははっきりしない。以前の所蔵者は郷土史家（故人）であり、著者は縁があってその遺族が資料を処分する際にこの資料を譲り受けることができた。正本の控えもしくは写本だと思われるが、筆跡から判断するにやはり勝蔵の自筆本だと思われる。これには、宮内庁本にはない「小櫃山陵調査森勝蔵苦心談」という治定運動の経緯を記した資料が付随している。同資料は、第三者が勝蔵の動向を中心に運動の展開を記す体裁を採っているが、内容には勝蔵しか知り得ない情報が多数書き込まれている。これも自筆資料だと比定できる。

「弘文天皇御陵考証」を見て驚かされるのは、厖大な有形・無形の資料を収集した勝蔵の執念であり、資料に対する強いこだわりである。こうした勝蔵の姿勢は、藩史編纂事業に見られるそれと共通する。無論、勝蔵は明治期に専門分野としての領域を築くことになる科学としての歴史学、もしくは考古学、民俗学を学んだわけではない。現在の水準からみれば、勝蔵の分析方法や結論に異議を唱えることは容易《たやす》い。だが、「弘文天皇御陵考証」からは勝蔵がまったく裏づけなくゼロから創作してまで、この地に伝わる大友皇子伝説を「史実化」しようとしたわけではないことが読み取れる。勝蔵ら旧久留里藩士・旧領民たちは、記録・伝承の収集に奔走する中で、白山神社古墳が弘文天皇陵であるとの確信を強め、治定運動を展開したのである。

そこで私たちが注目しなければならないのは、彼らを治定運動に駆り立て、白山神社古墳が真に弘文天皇陵であると信じさせた明治維新以後の地域社会の状況である。運動のその後を追いながら、今少し深くそれを考察してみよう。

五 治定運動の性格

さらなる運動

前章で少し触れた「小櫃山陵調査森勝蔵苦心談」によれば、明治十四年（一八八一）四月に建言書が却下された後、森勝蔵たちは古老から談話を聴取するなどさらなる証拠集めに走り回っていた。そこで集められた情報をもとに、同年十月、四月の建言書の内容を補訂して再度宮内省へ建言書を提出した。この時には、千葉県令船越衛《まもる》▲へ副申書を添えてもらうよう願い出ている。

同じ頃、四月の建言書に署名した一人である旧久留里藩士月崎寿三《つきざきとしぞう》は、政府でも有数の実力者である右大臣岩倉具視へ働きかけを行っていた。月崎は、岩倉が手がけた下総開墾地にある小学校の教員を務めており、十一月一日に同地を訪れた岩倉と面会する機会を得た。月崎は、これを好機と捉えて岩倉に直接「小櫃山陵ノ事」を陳述している。月崎の話を聞いた岩倉は感銘を受けて、説明書類があれば差し出すように指示を出したという。月崎は歓喜して勝蔵に連絡し、調査書類を取り寄せて岩倉家の家令へ早速届けた。これを読んだ岩倉は、「弘文帝ノ山

船越衛　天保十一年（一八四〇）〜大正二年（一九一三）。広島藩出身。第二代千葉県令。

陵ト伝ヘ来ルモノ上総国ニアル事今始メテ知ル所ナリ、篭《ママ》手田滋賀県令予ニ謂テ曰、江州亀丘ヲ以テ弘文帝ノ御陵ト定メズンバ他ニ山陵発見スル事ナシト、頻ニ迫ラルヲ以テ終《つい》ニ取リ極メタリ」（弘文天皇の山陵と伝わるものが上総国にあることを初めて知った。籠手田滋賀県令からは、近江国の亀丘をもって弘文天皇の御陵と定めなければ他に［ふさわしい］山陵を発見することはできない、と頻りに迫られ、ついに［亀丘に］取り決めた）と言い、「此ノ儘ニハ聞キステ難シ」（このまま聞き捨てることはできない）と感想を述べたとされる。さらに、岩倉が専門家による白山神社古墳の取調べを命じたとの知らせが、岩倉の家令から月崎のもとに届いた。しかしながら、結局これも実現を見ず、十月に提出した建言書は正史に符合する内容ではないので詮議には及びがたい、との回答が宮内省から千葉県令に達せられた。

正史とは、「正確な歴史」という意味ではなく国家が公定する歴史のことで、ここでは天皇の命によって編まれた『日本書紀』の記述のことを指す。政府の立場としては、仮に勝蔵らの主張が事実であったとしても、正史の内容と著しく異なる判断を下すことは困難であった。

明治十五年の発掘願書

それでもなお、勝蔵たちは運動を継続してゆく。翌明治十五年（一八八二）三月二十五日付で、千葉県令宛てに白山神社古墳の発掘願いが提出された。長文なので重要部分の現代語訳だけ掲げよう（傍点は著者による）。

伏して思うに弘文天皇の御事は、実に語るに忍びないものがある。皇位に就いたことはいまや言を俟たない。しかしながら、維新以前にあっては歴代天皇に数えられていなかったばかりでなく、皇子の御名が存在するだけであった。誠に恐れ多いことこの上ない。どうして何れかの勢力によって手落ちなく、正史に載せることができなかったのであろうか。

考えるに、村上義光《よしてる》は、護良《もりよし》親王を賊の包囲網から抜け出させるために親王の衣甲をかぶり、城櫓に登って親王だと称して自殺した。この時親王は難なく高野山に逃れることができた。その他にも、こうした例は古くから間々あることであり、白鳳年間に［弘文天皇が］近江国で敗北した際に［弘文天皇の］衣甲をかぶり身代わりになった者がいないとは断言しがたい。

そうであるがゆえに、勝蔵らは浅くて狭い見識を顧みず、ひとえに勤王の心をもってこれまで数年間苦心焦慮して調査を行ってきた。そうであるから、右の御指令［建言書を却下する指令］の趣旨を受けたからといって、勤王の感情はこのまま収めることはできない。この上は、ひたすら確固たる証拠を求

白山神社古墳の発掘願い　「田原家文書」中に草稿があり、小櫃村誌編纂委員会編『小櫃村誌』（君津市、一九七八年）に全文が掲載されている（ただし、くずし字の誤読が少なくない）。

村上義光　生年不詳〜元弘三年（一三三三）。鎌倉時代の武士。護良親王の忠臣とされる。

護良親王　延慶元年（一三〇八）〜建武二年（一三三五）。後醍醐天皇の皇子。政争に敗れて暗殺された。明治二年（一八六九）に護良親王を弔うために鎌倉宮が建設される。

めるほかない。とはいえ他に良い策もなく、恐れながら丸山〔白山神社古墳〕の頂上、すなわち古墳と称される場所を発掘すれば、必ずその真偽が明確になると考える。

よって、地元の村〔俵田村〕および氏子村々に至るまで協議したところ、いずれも異存なく、すぐに賛成を得られたので右の古墳を発掘してもよいか。もっとも、発掘の上もし器物などが発見された場合はもちろん、その他に詳細な図面を作成して〔結果を〕報告するので、御洞察の上、特別に御詮議を行い速やかに何らかのご指示をいただきたい。

勝蔵たちは、記録をもって白山神社古墳が弘文天皇陵であることを証明しようとしてきたが、認められる様子がなかったため古墳の発掘願いに運動の方針を転換した。文面からは、発掘さえできれば弘文天皇陵であることが証明できるという強い自信が見て取れる。だが、この発掘願いも結局は却《しりぞ》けられた。

右の願書では、白山神社古墳が弘文天皇陵であるかどうかをはっきりさせることは、旧久留里藩の士族ばかりではなく、地域住民の総意であることが示唆されている。同願書の署名には、明治十四年に建言書に連名した十名に白山神社の氏子惣代安藤保太郎・飯田七郎右衛門が加わっている。また、久留里他二ヶ村の戸長▲増田常長・俵田村他三ヶ村の戸長御幸尾長右衛門が奥書・奥印するなど、治定運動に旧藩の領民が深く関与していたことがうかがえる。この発掘願いは、氏子や周辺の町村を巻き込んで作成されたものであり、地域全体の要望として提出されたことが重要であろう。

治定運動にみる「勤王」理念

旧久留里藩士・旧領民の人びとがそうした行動におよんだ動機として、願書の中では「勤王」が強調されている。誤解を恐れずに一言で意味を述べれば、日本における「勤王」とは「天皇・皇室のために尽くす」という意味であり、幕末維新の時期から頻繁に使用された用語である。▲天皇を戴く日本の近代国家においては、「勤王」の意志から生まれる行為は理念上肯定される。そのため、願書・建言書・建白書の類では、自己の要求を正当化するためにたびたび使用されることになる語句である。

発掘願書に見られるように、弘文天皇陵の治定に向けた運動においても、勝蔵や行動をともにした旧藩士・旧領民たちの自意識の中で、運動が「勤王」理念から生ずるものと位置づけられていたことがわかる。勝蔵たちの意見は、開始当初から宮内省にも千葉県にも採用されることはなかった。そのような状況にもかか

戸長　明治初期に置かれた行政事務を地域で担う役職。

「勤王」　「勤王」のもつ意味は、時期や主体によって変化する。坂田聡・吉岡拓編『民衆と天皇』(高志書院、二〇一四年)。

わらず、「勤王」の意志を体現するために執念深く治定運動を継続した、と当事者である勝蔵たちは語る。

「小櫃山陵調査森勝蔵苦心談」の冒頭には次のように記されている。

〔弘文天皇陵について〕長年苦心し、調査したものを書冊にまとめてしばしば宮内省へ建言するも、正史と一致しないとの理由をもって〔白山神社古墳が弘文天皇陵であるかどうかの公式な〕検討を受けることができていない。〔森勝蔵〕君は、これを残念に思うことこの上なく、情熱がいよいよ溢れて邦家〔国家〕のため身命を捧げ、家産をなげうち、ついに三十余年調査に苦心してきた。未だ功を奏するに至っていないといえども、苦労を惜しまず研鑽する思いは少しもひるんでいない。

「小櫃山陵調査森勝蔵苦心談」は、明治三十年代中盤に作成された資料である。右の引用文には、弘文天皇陵に関する調査を開始してから三十年以上を経過したが、一向に運動が実を結ばない苦悩が滲《にじ》んでいる。それと同時に、それでも「邦家」（国家）のために治定運動を継続することが宣言されている。私財を投じて（私利私欲を排して）国家のために尽くすというロジックは、国家元首である天皇のために弘文天皇陵を正確な場所に治定すべきと主張した明治十四年の建白書および明治十五年の発掘願書に見られる「勤王」理念と相通ずる。明治三十年代までこの言説は揺らいでいないことがわかる。

六▶維新の記憶と治定運動

治定運動の動機

弘文天皇陵治定運動にみられるような「勤王」は、言葉としては無私無欲を前提として謳われるが、現実的には何らかの見返りを期待して語られるものであった。この点、一切の「私」を排除することが強制された戦中期の「勤王」「勤皇」精神と、明治期の「勤王」理念では性格が異なる。

そうだと仮定すると、森勝蔵たち旧久留里藩士らによる治定運動も何かしらの利的関心が呼び起こした活動だったと位置づけられることになる。運動の参加者各人にさまざまな思惑があり、それぞれの目指すものは多様であったという側面は否定しえないが、この運動の底流にはその担い手となった旧久留里藩関係者が共通して抱えていた大きな課題があったと考えられる。それを知るには、久留里藩が幕末維新期にどのような経験をしたのかを理解しておかなければならない。

内乱勃発直後の久留里藩

結論から先に述べれば、久留里藩出身の士族たちが弘文天皇陵治定運動に駆り立てられたのは、幕末維新期、とりわけ慶応四年（一八六八）の戊辰内乱▲期の経験が深く関わっていると考えられる。戊辰内乱は、将軍から天皇への政権交代を決定づける明治維新史上でも画期となる出来事であった。当時の藩主は黒田直養である。直養は、慶応二年四月二日に襲封し、その後激動の時間を迎えることになる。ここでは、戊辰内乱勃発後の久留里藩の動向を確認しておきたい。

慶応四年二月三日、直養は上野山内の警備を高田藩主榊原政敬《さかきばらまさたか》▲、八戸藩主南《なん》部《ぶ》信順《のぶゆき》▲、泉藩主本多《ほんだ》忠紀《ただとし》▲とともに務めるよう旧幕府の老中から申し渡された。これより一ヶ月前の正月三日には鳥羽・伏見の戦いが勃発《ぼっぱつ》していた。前将軍徳川慶喜▲は敗戦後、時を経ずに江戸へ東帰している。直養が指示された実質的な任務は、慶応三年十二月九日の王政復古の政変によって発足した新政府に対する恭順を表明し、寛永寺《かんえいじ》▲大慈院《だいじいん》に蟄居《ちっきょ》した慶喜の警護であった。

二月七日には、家老森格左衛門率いる久留里藩兵が、江戸市中で暴動を起こした旧幕府歩兵を上野広小路にて鎮圧。さらに、慶喜の依頼を受けて慶喜の助命と東征中止を歎願するため、東海道を上ろうと寛永寺を発した輪王寺宮公現法親《りんのうじのみやこうげんほっしん》王《のう》▲に森父子らが随《したが》った。直養も当初同行する予定だったが、「腫物《はれもの》」を理由に江

戊辰内乱（戊辰戦争）　慶応四年（一八六八）に勃発した新政府と旧幕府の間の軍事闘争。

榊原政敬　天保十四年（一八四三）〜昭和二年（一九二七）。越後国高田藩主。

南部信順　文化十一年（一八一四）〜明治五年（一八七二）。陸奥国八戸藩主。

本多忠紀　文政二年（一八一九）〜明治十六年（一八八三）。陸奥国泉藩主。

徳川慶喜　天保八年（一八三七）〜大正二年（一九一三）。徳川幕府最後の将軍。

寛永寺　徳川将軍家の菩提寺の一つ。現台東区上野。

輪王寺宮公現法親王　弘化四年（一八四七）〜明治二十八年（一八九五）。寛永寺貫主。

戸に留まっている。王政復古の政変後の朝召《ちょうしょう》▲に対しても、直養は同じく「腫物」を理由として積極的には応じず、慶応四年三月になってようやく名代を上京させている。

京都に到着した名代は、天皇に元服祝いの太刀と馬を献上した。一方で、三月四日、直養は旧幕府大目付に帰国願いを届け、翌五日江戸を発って久留里に帰還している。この間、小田原藩主大久保忠礼《ただのり》▲や佐倉藩主堀田《ほった》正倫《まさとも》▲らを中心に四十余の諸侯が慶喜の哀訴状を朝廷へ提出しようと企て、当初直養もこれに名を連ねた。この運動は、「朝敵」となることを危惧した諸藩が次々と離脱したことにより結局頓挫することになる。直養も哀訴状から除名を希望した大名の一人であった。

ここまでの久留里藩の動向は、いわゆる「日和見《ひよりみ》」藩の典型的なものである。恭順もしくは抗戦の意思を表明せずに政局・戦局の推移を見守りつつ、新政府（朝廷）とも旧幕府ともつかずはなれずといった立場をとっている。こうした態度は、慶応四年四月十一日の江戸開城以後、維持することができなくなる。恭順に不満をもつ旧幕府抗戦派の集団が江戸を脱走し、久留里藩領内にも多数の兵がなだれ込んできたためである。

朝召　朝廷からの召し出し。

大久保忠礼　天保十二年（一八四一）～明治三十年（一八九七）。相模国小田原藩主。

堀田正倫　嘉永四年（一八五一）～明治四十四年（一九一一）。下総国佐倉藩主。

榎本武揚　天保七年（一八三六）～明治四十一年（一九〇八）。旧幕臣。

人見寧　天保十四年（一八四三）～大正十一年（一九二二）。旧幕臣。

伊庭八郎　天保十五年（一八四四）～明治二年（一八六九）。旧幕臣。

林忠崇　嘉永元年（一八四八）～昭和十六年（一九四一）。上総国請西藩主。

福田八郎右衛門直道　生没年不詳。旧幕臣。

江戸開城後の苦難

江戸城が開城した翌十二日には、旧幕府海軍副総裁榎本武揚《たけあき》率いる艦船七隻が、品川沖（東京都品川区）を脱走して館山《たてやま》沖（千葉県館山市）に碇泊した。榎本艦隊は、多数の脱走兵を輸送し、房総に旧幕府勢力を集結させる大きな原因となった。人見《ひとみ》寧《やすし》や伊庭《いば》八郎を中心とした遊撃隊《ゆうげきたい》は、請西《じょうざい》藩主林忠崇《ただたか》に「徳川恢復《かいふく》与力」（徳川政権を回復するための協力）を要請し、忠崇はこれに応じて閏四月三日に陣屋（木更津市請西）を出陣し、藩士を引き連れて従軍している。

そうした脱走兵の中でも、久留里藩にとって最大の脅威となったのが撒兵《さっぺい》隊であった。四月十二日深夜、旧幕府撒兵頭福田八郎《はちろう》右衛門《えもん》直道を首領とした二千から三千名の兵力を有する撒兵隊が木更津に到着し、徳川宗家の家名存続・領地確保を目的に掲げて、望陀郡木更津村（木更津市）選擇寺《せんちゃくじ》に本陣をおき、「義軍府《ぎぐんふ》」と称して上総国西部の村々を支配下においた。撒兵隊は、武力を背景に周辺の諸藩へ協力を迫り、兵力で劣る小藩は激しく動揺した。

撒兵隊は、巨大な軍事力を背景に久留里藩へも協力を依頼した。四月十三日、撒兵隊から差図役川端助次郎、市川耕蔵が久留里城へ派遣されている。撒兵隊からの依頼内容は兵力の提供であったが、久留里藩は即答せずに玄米百俵を兵糧として供給することで当座をしのいだ。これより遅れて二十日には、新政府の東海道先鋒総督府から上総国の諸藩に対して「兇徒《きょうと》」(脱走兵のこと)に備えるよう達があった。領内に侵入された場合にはこれを捕縛して報告し、手に余る場合は近隣の各藩と連携して領民を「安堵」させるよう命じたものである。

つづく閏四月三日、撤兵隊は再び使者を派遣し、再度久留里藩との交渉にあたった。「王臣」(天皇の臣)となるか、「徳川家江忠節」を尽くすかを決断し、十日までに撤兵隊の屯所へ結論を届け出よ、とする強硬なものであった。追いかけるように、東海道先鋒総督府からは房総鎮定のため藩力相応の兵を出すように命じた達が到着した。ここにおいて、久留里藩は日和見のままでいるわけにはいかず、抗戦か恭順かの選択をせざるを得なくなる。藩内では激論が交わされたが、領民は「皆徳川贔屓《びいき》」であり、一時は撤兵隊に荷担する方向に傾いた。

ところが、撤兵隊は閏四月三日に市川・船橋(千葉県市川市・船橋市)で新政府軍に敗れ、つづく七日には五井《ごい》・姉崎《あねさき》(千葉県市原市)方面で壊滅的敗北を喫した。これにより、久留里藩は方針転換を余儀なくされる。九日には、撤兵隊を破った新政府軍から久留里藩の重臣が呼び出しを受け、「御不審ノ儀」があるため兵を差し向ける準備があると文書で通知された。さらに口頭では、撤兵隊が領内に勢力を繰り出しているにもかかわらず、捕縛しないどころか兵糧を送るとは「無念」であると強く責められた。そのうえで、「王命」(天皇の命)に服従する意思があるのであれば、武器をすべて差し出し、城を明け渡したうえで、周辺の「賊徒」鎮圧を希望するように伝えられた。そうすれば、久留里城への攻撃は取り消されるだろうと述べている。

撤兵隊が決定的な敗北を喫した以上、久留里藩は恭順せざるを得ず、閏四月十日、直養は「素ヨリ勤王確乎変動不仕」（素《もと》から勤王は確固としており変わるものではない）ことを誓い、所有している兵器をすべて新政府軍に預けることを約した「勤王証書」を新政府軍へ提出した。新政府軍の兵は、即日久留里城に入って武器庫を封印している。十二日、新政府軍は兵糧の供出と人馬継立を直養に命じ、久留里藩はこれに応ずるとともに、直養の上京願いを提出した。こうした久留里藩の「勤王」の姿勢を認めた新政府軍は、武器庫の封印を解いている。この後も、単発的な騒擾が所領周辺で発生し、武蔵国高麗《こま》郡《ぐん》飯能《はんのう》（埼玉県飯能市）とその周辺の領地にて旧幕府抗戦派の部隊である振武《しんぶ》軍と新政府軍との間で局地戦が発生するなど予断を許さない状況が続いたが、以後久留里藩が「佐幕《さばく》▲」的な態度を見せることはなかった。

直養の「上京」は、天皇の東幸《とうこう》▲にあわせて実現した。直養は、明治元年十月七日、東京の久留里藩下屋敷に到着し、十三日に江戸城（同日東京城と改称）に入る天皇を迎えた。十四日には天機伺い▲のため参内《さんだい》し、翌十五日天皇に拝謁。二十三

佐幕　幕府を助けること。戊辰内乱期には、「徳川再興」のための理念として謳われた。

東幸　明治元年、天皇が京都から東京に行幸したこと。

天機伺い　天皇へのご機嫌伺い。

日にも参内して天盃を受けた。このような、一連の儀礼を経て直養は「王臣」となったのである。

維新の記憶の解消と「勤王」

以上のような維新の記憶、すなわち戊辰内乱期において一時的とはいえ「佐幕」的な態度をとったと見なされた記憶は、天皇が国家元首として君臨した明治以降においては、旧久留里藩関係者にとって苦い過去となる。久留里藩は、撤兵隊が敗戦するとすぐさま恭順し、「勤王」の姿勢を示した。だが、それも空しく結果として同藩にとっての維新は、戊辰内乱の「失策」により出遅れたものとなったのである。のちに、森勝蔵や旧藩士たちが描く久留里藩の歴史の中に右の「失策」は、ほとんど取り上げられることはない。

反対に、たびたび登場する同時期のエピソードがある。戊辰内乱の折、久留里藩士杉木良蔵は、恭順を可とせず新政府軍の陣営に乗り込んだ息子良太郎をみずからの手で斬り殺したとされる。この挿話は、二とおりに解釈されてきた。一つは、藩のために私心を捨てて実の息子を手にかけた良蔵の「犠牲的精神」に基づく「果敢の行動」を称揚するものである。もう一つは、藩／藩主の意志である恭順を徹底するために、息子とはいえ「佐幕」的行動に出ようとした良太郎を斬り殺したと解釈するものである。両者は一体の関係にあるが、前者は、戦時中に「武士道」を説き、戦意を高揚させようとするための題材として主に利用された。

後者は、良蔵が選択した行動のように久留里藩士たちは強固な「勤王」の意志を持ち合わせていた、ということを示唆するものである。杉木父子のエピソードが史実かどうか知るすべはないが、後世においてこの話は久留里藩の「勤王」の意志を語るための役割を与えられた物語という側面を有している。これと背中合わせの意識として、「佐幕」の記憶を払拭しようとする欲求が存在する。言い換えれば、「勤王」の事蹟を語ることは、その反対にある「佐幕」の記憶を打ち消すことにつながる。このケースに限らず、似たような維新に対する歴史意識は「佐幕」的行動をとったいくつかの地域で見いだすことができる。

勝蔵らにとって弘文天皇陵の治定運動は、この内乱期の挿話が強調されたのと同じ文脈の中で展開したものと考えられる。つまり、旧藩領地域に伝わっている大友皇子伝説を掘り返し、地域の歴史と天皇・皇室のそれを結びつけることで、維新における「失策」を返上しようとする、もしくは内乱期の苦い経験を踏まえた上で積極的に新たな「勤王」の功績を立てようとするベクトルである。そのために、勝蔵たち久留里藩士は、明治四年（一八七一）に出された太政官達に敏感に反応して伝説を再発見し、以降継続した治定運動の過程で無垢《むく》な「勤王」理念を前面に出すことになる。さらには、旧藩士だけではなく旧領民までをも巻き込んでそれは展開してゆく。弘文天皇陵の治定は、経済的利益などを直截《ちょくせつ》的に地域にもたらすものではなく、勝蔵ら旧久留里藩関係者にとって漠然とした利的関心であったというのが実情であろうが、地域に「勤王」の功績を創り出すまたとない好機と認識されたことは、幕末以来地域がたどった軌跡から理解できる。

七▼治定運動の展開と挫折

森勝蔵らによる弘文天皇陵治定運動のその後の展開を、「小櫃山陵調査森勝蔵苦心談」（図12）の記述に即してみていきたい。なお、同資料の記述の中には年月日が不明な箇所があり、必ずしも編年順になっていないところがあるが、勝蔵による記載の順序を尊重して話を進めていく。

「大日本国誌」 内務省による地誌編纂事業。未完に終わり、安房国の分だけが現存している。

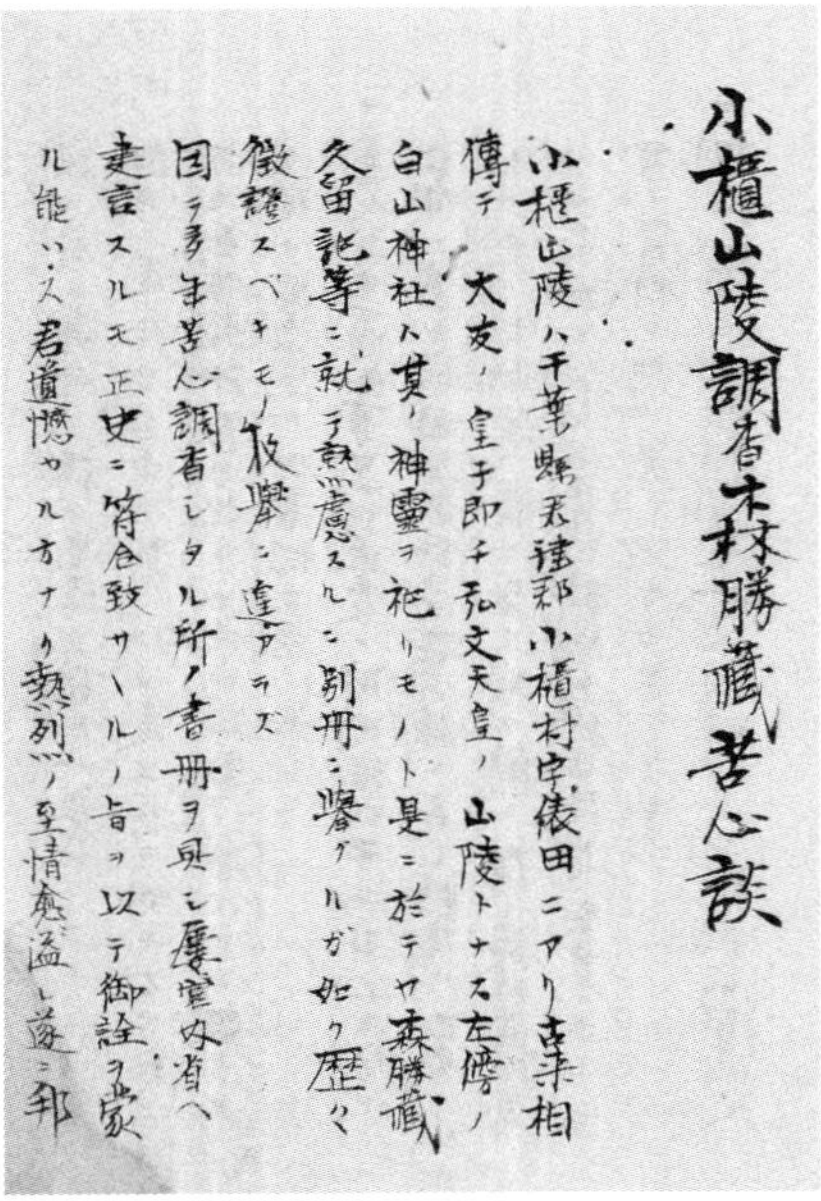
小櫃山陵調査森勝蔵苦心談
小櫃山陵ハ千葉縣君津郡小櫃村字俵田ニアリ古来相
傳テ大友ノ皇子即チ弘文天皇ノ山陵トナス左傍ノ
白山神社ハ其ノ神靈ヲ祀リモノト是ニ於テヤ森勝蔵
久留記等ニ就テ熟慮スルニ別冊ニ擧グルガ如ク歴々
徴證スベキモノ枚擧ニ遑アラズ
因テ多年苦心調査シタル所ノ書冊ヲ具シ屢宮内省ヘ
建言スルモ正史ニ符合致サヽルノ旨ヲ以テ御詮ヲ蒙
ル能ハス君道憾ヤルカナリ熱烈ノ至情愈溢シ遂ニ郁

図12 「小櫃山陵調査森勝蔵苦心談」

内務省地理局による調査

内務省地理局による「大日本国誌」▲編纂事業にともなう調査の一環として、内務一等属濱野章吉、同七等属河井庫太《くらた》郎《ろう》、千葉県十等属高橋正明が、君津郡に出張した際に森勝蔵宅を訪れた。時期ははっきりしないが、勝蔵がまだ久留里に居住しているので明治二十年（一八八七）以前のことだと考えられる。政府は、全国の統一政権として国土の情勢を掌握するために明治五年から地誌の編纂事業を進めていたが、「大日本国誌」はその過程で計画されたものである。

勝蔵は、地誌編纂を目的とする調査のために現地調査に訪れた三名に対し、古墳はもちろん小櫃地区の地名や習俗などに見られる大友皇子にまつわる逸話を詳細に解説した。話を聞いた濱野章吉たちは、大いに「賛成」したという。三名のうち「大日本国誌」の編纂に深く携わった河井庫太郎は、帰京後「上総国白山神社弘文帝山陵別考」（図13）を執筆してこれを勝蔵に贈った。それに気をよくした勝蔵は、上京して河井を訪問している。

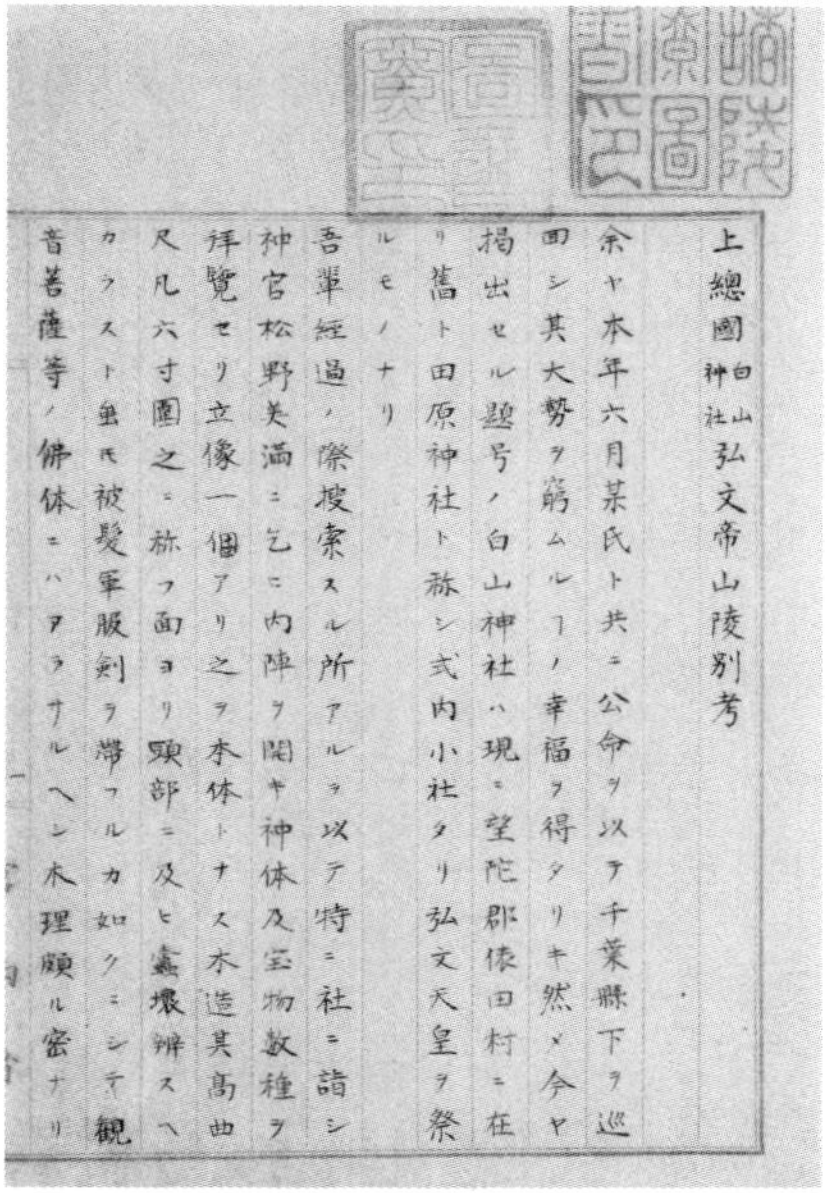
上總國白山神社弘文帝山陵別考
余ヤ本年六月某氏ト共ニ公命ヲ以テ千葉縣下ヲ巡回シ其大勢ヲ窮ムルヿノ幸福ヲ得タリキ然メ今ヤ掲出セル題号ノ白山神社ハ現ニ望陀郡俵田村ニ在リ舊ト田原神社ト称シ式内小社タリ弘文天皇ヲ祭ルモノナリ
吾輩経過ノ際捜索スル所アルヲ以テ特ニ社ニ詣シ神官松野美満ニ乞ニ内陣ヲ開キ神体及宝物数種ヲ拝覧セリ立像一個アリ之ヲ本体トナス木造其高曲尺凡六寸圍之ニ称フ面ヨリ頭部ニ及ヒ盡壊辨スヘカラスト雖氏被髪軍服剣ヲ帯フルカ如クニシテ観音菩薩等ノ佛体ニハアラサルヘシ木理頗ル密ナリ

図13 「上総国白山神社弘文帝山陵別考」

「上総国白山神社弘文帝山陵別考」は、河井が小櫃地区周辺の調査を踏まえてまとめた弘文天皇陵に関する考証論文である。河井は、亀丘が弘文天皇陵であることを否定しないものの、白山神社古墳にも見るべきものがあるとして有識者に同論文を贈って見解を求めている。

河井は、君津郡出張時に、白山神社にて神主の案内のもと神体・宝物を調査し、その後、白山神社古墳に登っている。河井は、この古墳が大友皇子の遺骸を葬った場所だという口伝をその時点で把握していたようで山の中をつぶさに踏査した。

また、同書中に白山神社の神主や勝蔵、地元住民から聞き取った伝承を箇条書きにして列挙している。河井は、勝蔵たちから、もし白山神社古墳が真に弘文天皇の山陵であるということがわかれば、「人民」の立場として傍観はできない、誤《ご》謬《びゅう》を後世に伝える根本を断とうと確証を得るために日夜一心に努めている、と語られたという。熱っぽく自説を説く勝蔵の姿が目に浮かんでくるようだが、ここでも天皇に対する「人民」としての責任感から治定運動を行ってきたことが示されている。

内務省官吏の民情調査に際して

内務省調査掛吉田市十郎が、民情視察のため千葉県下を巡廻していた際に、千葉県属宮田保太郎、君津郡長重城保《じゅうじょうたもつ》、同書記鳥飼六《とりかいろく》右《え》衛門《もん》を随従として久留里町にも訪れた。明治十九年（一八八六）九月十七日のことである。この時勝蔵は、吉田市十郎の旅館を訪問して面会し、小櫃に招いて白山神社古墳を案内・解説した。吉田は、勝蔵に対して賛意を示したうえで、弘文天皇陵と一朝一夕には定めがたいといえどもいずれかの天皇の陵であることは間違いないだろう、今回は陵の調査を目的とした出張ではないので内務省に戻ってからその筋へ上申しよう、と述べたという。勝蔵は、後日上京して吉田を訪問しているが、これ以上の進展はなかったようである。

千葉県令への説明

千葉県令船越衛が、久留里町の市場小学校の落成式に臨席した折、勝蔵は船越に面会し、小櫃地区へ案内して白山神社古墳に関する種々の説明を行った。やはり、明治二十年以前のことである。船越は勝蔵に共感を示し、「弘文天皇御陵ト定メラル、バ船越衛ニ於テモ満足ス」（白山神社古墳が弘文天皇の御陵と治定されれば、船越としても満足に感じる）との思いから、勝蔵にこれまでに作成した調査書類を県へ提出するように指示を出した。すぐさま勝蔵は書類一式を用意し、船越の供をしていた千葉県属平岡広へ差し出した。ただ、この働きかけについてもこれ以上の進捗《しんちょく》はなかった。

太政官修史館の調査

明治十八年（一八八五）九月二十一日、太政官修史館《しゅうしかん》▲の編修副長重野安繹《やすつぐ》▲、同六等掌記田中義成、同七等掌記小倉秀実が、史料調査のため千葉県属井口豊水、重城保、小櫃地区の戸長増田常長を連れて久留里の勝蔵宅を訪れた。この時勝蔵は、久留里藩および黒田家に関わる史料三十五巻を重野安繹に貸与しつつ、白山

太政官修史館　太政官修史局の後身として明治十年（一八七七）に設置。

重野安繹　文政十二年（一八二九）～明治四十三年（一九一〇）。薩摩藩出身。日本における近代歴史学黎明期の学者。

神社古墳に関する故事を説明した。重野は賛意を表し、勝蔵の案内のもと田中義成・小倉秀実を古墳の実地調査に向かわせている。修史館は、明治初年から政府のもとで進められていた修史事業を担う部局であり、重野はその指導的立場にいた人物である。その重野からお墨付きを得ようとしたが、これも失敗に終わっている。

日高誠実への依頼

　旧陸軍御用掛日高誠実《のぶざね》▲が、市原郡大久保村（市原市大久保）の豪農六右衛門を案内人として白山神社古墳に登り、俵田村の村民から伝承に関する説明を受けた。日高は、退職後、市原郡に居を構えて私塾梅ヶ瀬書堂を開いていた。勝蔵とはかねてから親交があり、小櫃を訪れたのはそうした交流によると思われる。日高が陸軍を辞したのは明治十九年（一八八六）のことで、白山神社への来訪時は勝蔵が久留里にまだ在住しているので明治十九年から二十年の間に起きた出来事だと考えられる。

　日高は古墳を見学した後、勝蔵宅を訪れて談話し、帰宅する前に古墳の調査関係書類の一切を借り出している。後日、日高は宮内次官吉井友実《ともざね》▲に白山神社古墳を実見した感想を話し、勝蔵から借用した書類を渡した。これと前後して、勝蔵

日高誠実　天保七年（一八三六）～大正四年（一九一五）。高鍋藩出身。漢学者として知られる。

吉井友実　文政十一年（一八二八）～明治二十四年（一八九一）。薩摩藩出身。

足立正聲　天保十二年（一八四一）〜明治四十年（一九〇七）。鳥取藩出身。

櫻井勉　天保十四年（一八四三）〜昭和六年（一九三一）。出石藩出身。

の同志の一人である旧久留里藩士今井兼喜が上京し、吉井と宮内省諸陵頭足立正《まさ》聲《な》を訪問している。

この時も成果を挙げることはできていないが、勝蔵が個人的な人脈を利用して運動を展開していたことがうかがえる。また、地元住民や旧藩士たちと連携しながら運動を継続していたことが、他の出来事と合わせて確認される。

内務省官吏への働きかけ

内務大書記官櫻井勉が、「大日本国誌」編纂に係る調査のため久留里に出張した際、勝蔵と面会し、白山神社古墳へ案内されて細かな説明を受けている。明治二十年（一八八七）以前のことである。櫻井は勝蔵の説に大いに賛同して、天武天皇の御陵より一層立派な古墳のようであるが、武将の墓ではないからいずれかの天皇・皇后などの陵墓であろう、と述べたという。勝蔵は、この時にも随行官に関係史料を手渡している。また、櫻井の少し後に、内務一等属渡辺中が古墳を踏査している。

ここまで見てきてわかるように、勝蔵らは有力者・官吏の久留里来訪や地誌・歴史編纂のための調査出張を聞きつけると、必ずと言ってよいほど白山神社古墳へ案内し、みずからの説の妥当性について書類・記録を提示しながら解説している。応対した人物は、その場では賛同を示すもそれによって運動が前進することはなかった。

諸陵寮への訪問

勝蔵が、明治二十年（一八八七）に内務省地理局へ登用された後は、東京を主な舞台として運動が継続される。明治二十二年五月五日、勝蔵は今井兼喜とともに宮内省諸陵寮に諸陵頭川田剛《たけし》を訪問して白山神社古墳の実地調査を請願した。それまでは、小櫃地区周辺への来訪者に限り案内・説明を行うという、どちらかというと受け身の姿勢であったが、東京に移住したことでより積極的な働きかけを行うようになる。諸陵寮訪問時のやりとりは、次のとおりである。

川田：［弘文天皇にまつわる］事跡は上総地方が最も多い。しかしながら、弘文天皇の山陵についてはいったん近江国に定められた以上、十二分の力を尽くさなければ、変更することは困難であろう。

勝蔵・今井：そうであるならば、近江の亀丘の御陵をもって動かすべきではないと考えるか。

川田：亀丘が正確な御陵であるとは信じていない。

宮内省諸陵寮　明治十九年（一八八六）に宮内省内に設置。神祇官・教部省で扱われていた陵墓に関する事項は、明治十一年に宮内省に移されている。

川田剛　文政十三年（一八三〇）～明治二十九年（一八九六）。備中国出身の漢学者。

勝蔵・今井：そうならば、小櫃山陵の実地調査を行ってほしい。
川田：諸陵頭みずからが実見するとなれば、その費用は三百円以上かかる。よって、まずは下検分に［部下を］派遣し、いよいよ御陵だと判断したうえで諸陵頭が出て行くのでなければ大蔵省は迷惑だ。
勝蔵・今井：では、どうしてくれるのか。
川田：まず、［部下に］古典の調査を指示して、明年の暑中休暇時に市原郡の知人方へ出かけ、その帰途に小櫃山陵を実見する。

勝蔵と今井は、これをもって「内約已《すで》ニ整ヒ」（内々に約束が成立した）と判断し、追加資料を川田へ送付した。勝蔵たちはこれまでとは違って大いに手応《てごた》えを感じたが、川田が諸陵頭の任を解かれたことにより、約束は反故《ほご》となってしまった。結果は得られなかったが、勝蔵たちの運動が実を結ぶ可能性を秘めた希少な機会であったといえるかもしれない。

宮中・華族への工作

勝蔵らは、明治二十八年（一八九五）十一月、皇室と深い関わりがあった尾張藩出身の書道家山腰弘道《やまこしひろみち》に白山神社古墳に関する建言書を提出した。この建言書

図14　「御陵之儀」

は、「御陵之儀」と題される大作で控が「田原家文書」に残っている（図14）。山腰弘道と勝蔵は、以前から交流をもっていたようであり、建言書を見た山腰はその内容に大いに賛同した。山腰は、すぐに子爵長谷信篤《ながたにのぶあつ》▲、同平松時厚《ひらまつときあつ》▲、子爵・枢密顧問官海江田《かいえだ》信義《のぶよし》▲に取り次ぎ、彼らの同意も得られた。長谷は、特に賛意を示して勝蔵に宮内省への建言書再提出を促し、その草案まで示している。勝蔵たちはこれに応じて、明治二十九年十月二十六日付で再び宮内大臣に宛てて建言書を提出した。この時、勝蔵は新たに四巻からなる添付書類も執筆している。しかし、明治三十一年一月に宮内大臣田中光顕《みつあき》▲の名で届いた回答は、またしても勝蔵たちが望むものではなかった。

また、長谷が大日本撰書奨励会の会頭であったことから、その機関誌『書道』に白山神社古墳に関する記事を連続で掲載するという計画が持ち上がった。同誌は、天皇・皇后に定期的に献上されていたため、目に留まれば何かしらの良い効果が得られるのではないかという期待からである。これに加えて、『久留里記』を軸装したものを皇后に献上しようとの目論見もあった。

長谷信篤　文化十五年（一八一八）～明治三十五年（一九〇二）。華族・政治家。

平松時厚　弘化二年（一八四五）～明治四十四年（一九一一）。華族・官僚。

海江田信義　天保三年（一八三二）～明治三十九年（一九〇六）。薩摩藩出身。

田中光顕　天保十四年（一八四三）～昭和十四年（一九三九）。土佐藩家老深尾家の家臣。長く宮内大臣を務めた。

長谷は、小櫃山陵のことを雑誌に掲げ、かつ『久留里記』の一軸を差し出しておけば両陛下から御諮詢《ごしじゅん》があるだろう、と勝蔵に話したが、結局いずれも実現していない。

さらに、平松は、明治三十年十二月十四日に勝蔵と山腰をともなって現地を視察した。これは、平松の希望によるもので、特権階級である華族の古墳参拝に白山神社の氏子ら地元住民は、非常に喜んだという。平松の実地見分については、「小櫃山陵御参拝日誌」（図15）に詳しい。この日誌は、平松の訪問後に勝蔵が編集し、山腰が校訂したもので、平松の行動が逐一記されている。その内容からは、地域を挙げて平松を歓待した様子がわかる。

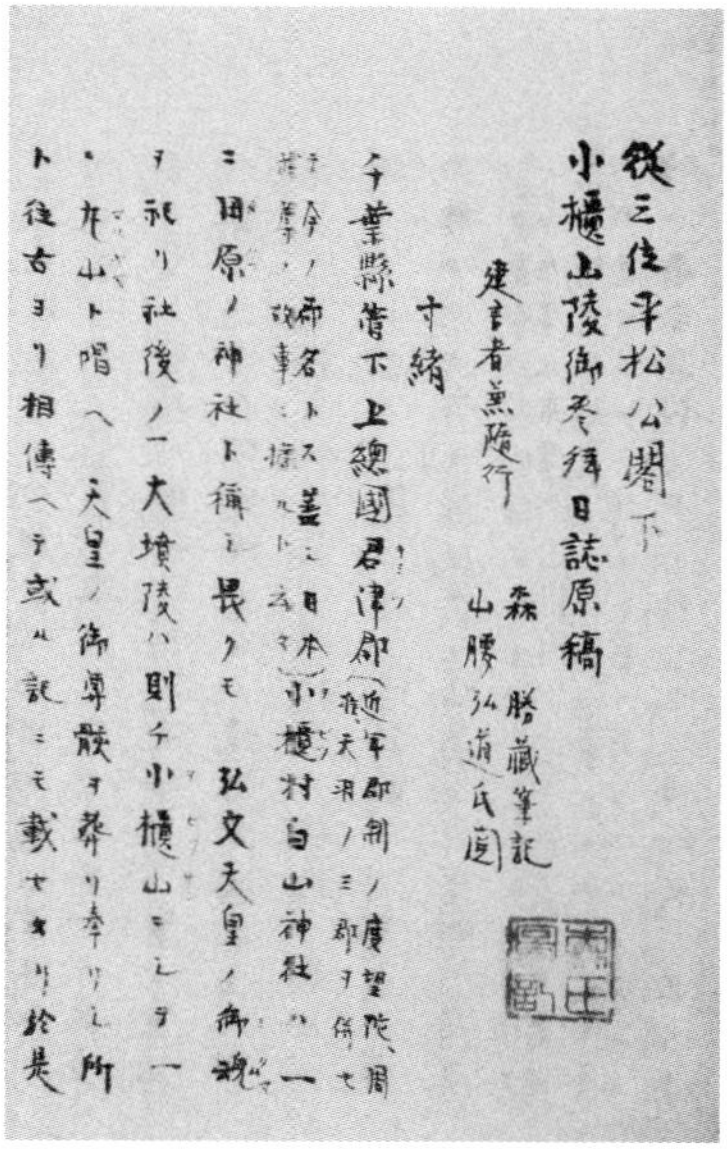
従三位平松公閣下
小櫃山陵御参拝日誌原稿
建言者兼随行　森勝蔵筆記
山腰弘道氏閲
寸緒

図15　「小櫃山陵御参拝日誌」

十二月十三日、平松は山腰・勝蔵とともに船で木更津に到着し、小櫃村を通り過ぎて久留里町の旅館山下屋に宿を取った。平松は、勝蔵をはじめとする治定運動の推進者たちに接待され、小櫃山陵は今急いで官に迫ったのであれば却《かえ》って不利益を生じる可能性が高い、宮内省に実地調査を促し、穏当に物事を運べば公然と御陵に治定されるであろう、と挨拶している。

翌十四日、平松の白山神社古墳の参拝が実施される。

これは、地域の人びとにとって村をあげての一大行事となり、白山神社の前では氏子総代の他、小櫃村とその周辺の主立った人物や高齢者など数十名が出迎えた。平松は、白山神社に参殿し古墳を実見するが、その様子をみた村人は、「本社〔白山神社〕ヲシテ公然世ニ顕ハル、ノ前兆ナリト感泣セザルハ無シ」（白山神社が公然と世に姿を見せる〔白山神社古墳が弘文天皇陵に治定される〕前兆であると泣かない者はいなかった）といった様子であったという。山腰を介した一連の運動も、弘文天皇陵治定に向けて有効な結果は得られなかったが、「皇室の藩屏《はんぺい》▲」であり天皇に近い（と認識される）華族が、現地に足を運んで運動に協力的な姿勢を見せたことは、当事者たちにとって大きな意味をもったといえる。

八木奘三郎による調査

明治三十一年（一八九八）八月、帝国大学人類学教室の八木奘三郎《そうざぶろう》▲が考古学者で陸軍の教官であった中澤澄男とともに白山神社古墳の実査を行い、「小櫃荒陵考」をまとめた。二人は、俵田青年会をはじめとする地元有志の招きに応じて来訪し、発掘調査を行った。知りうる範囲では、不十分ながらも白山神社古墳が考古学的調査を受けたのはこの時が初めてである。その調査報告書は、後日青年会の代表者へ送付されている。

皇室の藩屏　皇室を守護する壁を意味する。

八木奘三郎　慶応二年（一八六六）〜昭和十七年（一九四二）。考古学者。

八木と中澤は、陪塚《ばいちょう》と思しき箇所を数ヶ所発掘し、鏡・剣などを発見した。彼らの見立てでは、白山神社古墳は推古朝以後平安朝以前（六世紀末から八世紀末）のものであるとされ、弘文天皇陵である可能性を否定はしなかった。白山神社の神職・氏子は、これを後日県知事へ報告した。

　この少し後の明治三十一年十月十八日に、勝蔵らは千葉県庁へ出頭し、白山神社古墳の調査を改めて請願している。県は、木更津警察署の署長福永兵太郎に命じて古墳を見学させた。勝蔵は、この時東京から久留里まで赴いて署長へ「弘文天皇ノ御事蹟要録」を提出している。

内閣書記官への接近

　明治三十年（一八九七）頃内閣書記官長高橋健三が、白山神社古墳を弘文天皇陵と見なす意見に賛同しているとの情報を得た勝蔵は、永田町の官舎に通い、高橋へ関係記録を提出した。だが、高橋が病没したことでこの線の働きかけは消滅した。

中田憲信からの賛同

　明治三十年代前半に、勝蔵は古蹟調査会幹事中田憲信《のりのぶ》から「弘文天皇御陵考」

陪塚　大きな古墳に近接する小さな墓のこと。

高橋健三　安政二年（一八五五）～明治三十一年（一八九八）。曾我野藩出身。

中田憲信　天保六年（一八三五）～明治四十三年（一九一〇）。国学者。

を贈られた。これより前、勝蔵と知り合った中田憲信から機関誌『古蹟』に「弘文天皇御陵考」を掲載し、天皇に献上してはどうかとの話があった。だが、これも実現はしていない。

以上が、史料上判明する勝蔵たちの弘文天皇陵治定運動である。明治三十年代中盤以降、治定運動の足どりは確認できなくなる。

勝蔵たち旧久留里藩士と旧領民は、何度も挫折を強いられながら、執念深く内務省・宮内省や千葉県の官吏・華族・学者などありとあらゆる方面への働きかけを行った。その時々においては、勝蔵らに期待を抱かせるような反応を得られることもあったが、大局的にみれば治定の実現は困難であったと言わざるを得ない。だが、三十年以上この運動が継続したことで、勝蔵を含む旧久留里藩士や運動に巻き込まれた旧領民は、地域に残る弘文天皇伝説を反芻《はんすう》し続けることになり、天皇・皇室の歴史を地域の中に意識し続けることになった。

『千葉県君津郡誌』下巻、千葉県君津郡教育委員会編・刊、一九一七年。

むすびにかえて——天皇陵治定運動が地域にもたらしたもの

勝蔵たちが、かくも熱心に取り組んだ弘文天皇陵治定運動は、結局のところ実を結ぶことはなかった。ただし、この運動は地域に二つの大きな遺産をもたらしたと考えられる。その見通しを示してむすびにかえたい。

一つ目は、地域に大友皇子伝説を根づかせたことである。小櫃地区周辺に伝わる大友皇子伝説は、時折文献に登場する記述から少なくとも十七世紀より途切れることなく存在していたことが確認できる。だが、江戸時代以前にはそれが地域において熱心に語られることはなかった。語られる伝説の内容・量は、明治以降圧倒的に充実したものとなる。森勝蔵たちが掘り起こし、発見した伝承・史跡の中には、江戸時代の文字資料には見られないものも存在する。実際に史実かどうかは脇に置くとしても、彼らなりに発見した記録や口碑からそれは実際にあったことだと認識され、後世においても地域アイデンティティを支える要素の一つとなってゆく。

治定運動が低調になった明治三十年代後半以降も大友皇子伝説に言及した文献はいくつか確認されるが（『千葉県君津郡誌』▲）、それらは勝蔵たちが見いだした伝

『弘文天皇御陵考証資料』　国立国会図書館他所蔵。

説をベースに叙述されている。その決定版とも呼べるのが、中村翰護によって昭和十九年（一九四四）に著された『弘文天皇御陵考証資料』▲（千葉県小櫃山陵顕彰会刊行）である。木更津に生まれた中村は、白山神社に関わる伝説を知っていたく感激し、同時に天皇の事蹟が曖昧なまま十分に検証されていない状況を歎き、みずから研究しようと発起する。以来、白山神社古墳の研究にのめり込み、文献収集や聞き取り調査を繰り返した他、学者や有識者に盛んに意見を求めたという。地域の有志や趣旨に賛同する有力者に出資を呼びかけて刊行にこぎ着けたのが、右の図書である。

中村がこの本を発表した昭和十九年、言うまでもなく日本は敗戦間際の危機的状況にあった。戦中期は、国民を戦争に動員するため「勤王」「勤皇」精神が高く叫ばれ、全国各地で「勤王の志士」や天皇に関する史跡が異常な熱をもって顕彰されている。中村や中村を支援した地域の人びとの活動も、この潮流に位置づけられるものである。明治期と戦中期の状況を安易に結びつけるわけにはいかないが、近代国家が成立・展開する過程で勝蔵たちが「勤王」を謳いながら地域と天皇・皇室の歴史を結びつけるために治定運動に没頭したことと、中村が皇室への崇敬を語りながら地域住民を巻き込んで再びそれに光を当て、「郷土」に一体感をもたらしたことはオーバーラップする。

勝蔵たちの治定運動の中で再発見された伝説は、大幅にトーンダウンしたとはいえ戦後も地域の中に漂っている。小櫃村誌編纂委員会編『小櫃村誌』（君津市、一九七八年）には、第四章第一節で「白山神社をめぐる諸問題」が立項され、弘文天皇伝説に関する考証の歴史が部分的に紹介されている。同書は、「白山神社の創建の由来、弘文天皇の御終焉の状況は未だ暗雲混迷の彼方にある」と結んでおり、白山神社古墳が弘文天皇陵である可能性をまったく排除してはいない。

二つ目は、治定運動を通して旧久留里藩の結びつきが維持されたことである。すなわち、久留里藩領であった地域では治定運動を推進する過程で、旧藩士・旧領民が連携を深め集団としての一体性が叢生《そうせい》した。勝蔵は、むしろ藩史編纂にそれを期待していたが、結果的に治定運動の副産物として旧藩関係者の結合が保たれることになったのである。

近年の日本近代史研究の成果で明治四年（一八七一）七月の廃藩以後も、旧藩領地域では旧藩主・旧藩士・旧領民の緩やかな結びつきが残存し、現在に連なる地域社会の形成に大きな影響を及ぼしてきたことが明らかにされつつある。これまでに報告されてきた事例は、十万石以上の比較的規模が大きい藩ばかりであるが、久留里藩のような「小藩」の場合でも類似する状況が存在した。その一端が、本書を通じて明らかになったのではないかと思う。

こうした旧藩のつながりは、治定運動が収束したあとも継続している。明治二十年代から三十年代にかけて、出身地を同じくする人びとによって親睦を目的とした「同郷会」が次々と組織されるが、旧久留里藩でも雨城会が結成された。雨城会は、久留里地域から日清戦争へ出征する兵士の壮行・凱旋祝賀のために組織された雨城青年会を発展させ、久留里在住の旧藩士を中心に結成された。日清戦争をきっかけとして地域と旧藩が再認識され、東京や近県に在住する旧藩士たちも雨城会に加わり、明治四十年代頃まで活発に活動した。雨城会は、幅広い活動を行っていたが、その一つとして旧藩の記憶継承のために記録の収集・共有も進めており、勝蔵はその一翼を担うことになる。

明治末年から大正期に入ると世代交代が進み、次第に旧藩の結びつきも薄れてゆく。しかしながら、それは消滅することなく現在でもその残像が地域に浮遊している。久留里地域では、戦後城郭が「再建」され、旧城下町として地域的特色が認識されるなど戦後も旧藩時代に対する強い意識が見られる。

明治から現在までが単線的に連結できるわけではないが、弘文天皇陵治定運動から見える地域の具体相は現代につながる要素を多分に含んでいる。また、話題となる素材や時期、担い手、規模に差は生じるが、旧久留里藩領で展開した弘文天皇陵治定運動のような、「勤王」理念を掲げながら地域利益に誘導しようとする動向は、近代日本において少なくない地域で見られる事象である。一方で、〝そうではない〟人びとの「多様性」を明らかにすることも近代地域史研究の大きなテーマとなる。それはまた別の機会に取り組みたい。

あとがき

本書は、人間文化研究機構国文学研究資料館が推進する歴史的典籍NW事業の一環である異分野融合共同研究「文献観光資源学」の成果の一部である。このプロジェクトは、地域資料（古典籍、歴史資料、史跡など）のもつ価値の多様性を見いだし、研究資源としてだけではなく、「地域資源」としても広く「活用」することを目指すものである。

現在は、弘前市立博物館・図書館、青森県立郷土館、弘前大学の協力を得て、津軽地域を題材とした共同研究「津軽デジタル風土記」（研究代表者：弘前大学教授・瀧本壽史）が進められている。「津軽デジタル風土記」では、各資料所蔵機関などが収蔵している津軽地域の関係資料をデジタル化し、資料情報をウェブ上で体系的・立体的に連結・公開することを基礎的な作業とする。また、単に公開するだけではなく収集した資料の内容・意義を分析し、その成果を地域・学界に還元することが求められている。

収集・公開される資料は、文学研究でもっぱら利用される古典籍、歴史研究の素材となる古文書・公文書・絵図、碑や寺社などの史跡、と多様である。「文献観光資源学」では、こうした複数分野にまたがる資料を一体のものとして収集・研究し、地域の歴史像を描くことが重要な課題となる。

本書は、そうしたプロジェクトの方向性を念頭に置きながら、私の研究テーマに引きつけて卒業論文の執筆以来、十年以上にわたって研究対象としてきた一つの地域にこだわって書いたものである。もとより、私の専門は歴史学（日本近代史）・アーカイブズ学であり、本書は全体を通じてその領域を超えるものではないが、古文書・公文書に加えて古典籍や史跡を可能な限り叙述の中にも盛り込むことを心がけた。

本書は、二〇一六年に発表した短い拙稿「旧久留里藩士森勝蔵の弘文天皇陵治定運動」（『千葉県の文書館』二一号、二〇一六年）をベースとしてはいるが、これまでに収集した資料を読み直し、新たな文献・記録を読み解き、現地の史跡を改めて踏査することにより大幅な加筆・修正を加えている。前稿よりはるかに充実した内容となっているはずである。私の拙い議論はさておいて、本書を手に取った方に近代日本における地域のリアルな歴史とそれを証明する資料の魅力を感じていただけたのであればこれに勝る喜びはない。

なお、本書の執筆にあたっては、君津市立久留里城址資料館の平塚憲一さん、ならびに資料所蔵者、機関のみなさまに大変お世話になった。末筆となったが、この場を借りて御礼を述べたい。

二〇一八年三月三十日

宮間純一

主要参考資料・文献

本書全体にわたって参考にした資料・文献は左のとおり。本書の性格上、逐一注記しなかったことをお断りする。

［資料］

「大日本維新史料稿本」（東京大学史料編纂所蔵）
「公文録」（国立公文書館蔵）
「太政類典」（国立公文書館蔵）
「黒田家文書」（君津市立久留里城址資料館保管）
「田原家文書」（君津市立久留里城址資料館保管）
「弘文天皇御陵考証」・「小櫃山陵調査森勝蔵苦心談」（著者蔵）※同資料については、閲覧希望があれば写真版等で提供する。

［文献］（発表年順）

渡辺孝雄「森勝蔵と久留里藩制一班」（千葉県企画部編『千葉県史料　近世篇十　久留里藩制一班』、千葉県、一九九〇年）
武田秀章『維新期天皇祭祀の研究』（大明堂、一九九六年）
外池昇『幕末・明治期の陵墓』（吉川弘文館、一九九七年）
成田龍一『「故郷」という物語――都市空間の歴史学』（吉川弘文館、一九九八年）
外池昇『天皇陵の近代史』（吉川弘文館、一九九九年）
武知正晃「維新前後の平田派国学者の地域活動」（博士論文、二〇〇〇年）
武知正晃「弘文天皇陵」（『別冊歴史読本　七八　歴史検証天皇陵』、新人物往来社、二〇〇一年）

武知正晃「天皇巡幸と「陵墓」の確定――弘文天皇陵の確定を素材に」（鈴木良・高木博志編『文化財と近代日本』、山川出版社、二〇〇二年）
君津市立久留里城址資料館編『平成十四年度企画展　藩史を記した男森勝蔵と久留里藩士展』（君津市立久留里城址資料館、二〇〇二年）
井上孝夫「房総・弘文天皇伝説の研究」（『千葉大学教育学部研究紀要』五二号、二〇〇四年）
高木博志「「郷土愛」と「愛国心」をつなぐもの――近代における「旧藩」の顕彰」（『歴史評論』六五九、二〇〇五年）
君津市立久留里城址資料館編『平成二十年度企画展　よみがえる君津の伝説』（君津市立久留里城址資料館、二〇〇八年）
高木博志・山田邦和編『歴史のなかの天皇陵』（思文閣出版、二〇一〇年）
高木博志『陵墓と文化財の近代』（山川出版社、二〇一〇年）
吉岡拓『十九世紀民衆の歴史意識・由緒と天皇』（校倉書房、二〇一一年）
上田長生『幕末維新期の陵墓と社会』（思文閣出版、二〇一二年）
井上孝夫「房総・弘文天皇伝説の背景的世界」（『環境社会学研究』一九号、二〇一二年）
坂田聡・吉岡拓『民衆と天皇』（高志書院、二〇一四年）
内山一幸『明治期の旧藩主家と社会――華士族と地方の近代化』（吉川弘文館、二〇一五年）
千葉県文書館・宮内庁書陵部図書課宮内公文書館編『皇室がふれた千葉×千葉がふれた皇室』（千葉県文書館、二〇一五年）
宮間純一「旧久留里藩士森勝蔵の弘文天皇陵治定運動」（『千葉県の文書館』二一、二〇一六年）
宮間純一「「小藩」における旧藩の社会的結合――上総久留里藩を事例に」（松尾正人編『近代日本成立期の研究　地域編』、岩田書院、二〇一八年）

掲載図版一覧

図１　『前王廟陵記』　国文学研究資料館蔵、ヤ1-50-1～2

図２　『長等の山風』　大和文華館蔵、鈴鹿文庫1-652、国文研マイクロ257-261-4

図３－１　「弘文天皇御陵所在論」　国立公文書館蔵「公文録」所収、公02044100

図３－２　「弘文天皇長等山前陵勘註」付属図（同上）

図４　白山神社　著者撮影

図５　白山神社古墳　著者撮影

図６　七人士之墓　著者撮影

図７　十二所神社　著者撮影

図８　『房総志料』　国文学研究資料館蔵、MX-335-1

図９　『房総志料続篇』　大和文華館蔵、国文研マイクロ257-330-2

図10　「弘文天皇御陵之儀ニ付建言」　君津市立久留里城址資料館保管「田原家文書」15

図11　「弘文天皇御陵考証」　著者蔵

図12　「小櫃山陵調査森勝蔵苦心談」　著者蔵

図13　「上総国白山神社弘文帝山陵別考」　宮内庁書陵部蔵、陵918、国文研デジタル DIG-KSRM-10140-4

図14　「御陵之儀」　君津市立久留里城址資料館保管「田原家文書」14

図15　「小櫃山陵御参拝日誌」　君津市立久留里城址資料館保管「田原家文書」21

宮間純一（みやまじゅんいち）

1982年、千葉県生まれ。中央大学大学院文学研究科日本史学専攻博士後期課程修了。博士（史学）。宮内庁書陵部研究職、人間文化研究機構国文学研究資料館准教授、総合研究大学院大学文化科学研究科准教授を経て、現在、中央大学文学部准教授。専攻、日本近代史・アーカイブズ学。著書に『国葬の成立——明治国家と「功臣」の死』（勉誠出版、2015年）、『戊辰内乱期の社会——佐幕と勤王のあいだ』（思文閣出版、2015年）などがある。

ブックレット〈書物をひらく〉11

天皇陵と近代——地域の中の大友皇子伝説

2018年5月15日　初版第1刷発行

著者　宮間純一

発行者　下中美都

発行所　株式会社平凡社

〒101-0051　東京都千代田区神田神保町3-29

電話　03-3230-6580（編集）

03-3230-6573（営業）

振替　00180-0-29639

装丁　中山銀士

DTP　中山デザイン事務所（金子暁仁）

印刷　株式会社東京印書館

製本　大口製本印刷株式会社

ISBN978-4-582-36451-4

NDC分類番号288.46　A5判（21.0cm）　総ページ92

平凡社ホームページ　http://www.heibonsha.co.jp/

発刊の辞

書物は、開かれるのを待っている。書物とは過去知の宝蔵である。古い書物は、現代に生きる読者が、その宝蔵を押し開いて、あらためてその宝を発見し、取り出し、活用するのを待っている。過去の知であるだけではなく、いまを生きるものの知恵として開かれることを待っているのである。

そのための手引きをひろく読者に届けたい。手引きをしてくれるのは、古い書物を研究する人々である。

これまで、近代以前の書物――古典籍を研究に活用してきたのは、文学・歴史学など、人文系の限られた分野にほぼ限定されていた。くずし字で書かれた古典籍を読める人材や、古典籍を求め、扱う上で必要な情報が、人文系に偏っていたからである。しかし急激に進んだＩＴ化により、研究をめぐる状況も一変した。現物に触れずとも、画像をインターネット上で見て、そこから情報を得ることができるようになった。

これまで、限られた対象にしか開かれていなかった古典籍を、撮影して画像データベースを構築し、インターネット上で公開する。そして、古典籍を研究資源として活用したあらたな研究を国内外の研究者と共同で行い、新しい知見を発信する。これが、国文学研究資料館が平成二十六年より取り組んでいる、「日本語の歴史的典籍の国際共同研究ネットワーク構築計画」（歴史的典籍ＮＷ事業）である。そしてこの歴史的典籍ＮＷ事業の多くのプロジェクトから、日々、さまざまな研究成果が生まれている。

このブックレットは、そうした研究成果を発信する。「書物をひらく」というシリーズ名には、本を開いて過去の知をあらたに求める、という意味と、書物によるあらたな研究が拓かれてゆくという二つの意味をこめている。開かれた書物が、新しい問題を提起し、新しい思索をひらいてゆくことを願う。